화폐 없는 세상

화폐 없는 세상

합당한 수고와 합당한 대가, 가치주의에서 답을 찾다 _____ 박명준 지음

지식공감

합당한 수고와 합당한 대가, 가치주의에서 답을 찾다

우리는 지금 자본주의 시대를 살고 있다. 인터넷 세상에 들어가면 주가지수, 금리, 환율에 부동산 시세 등 금융 관련 정보들이 우리들의 시선을 끌기 위해 무진장 애를 쓴다. 대선 때가 되면 어느 후보건 경제 살리기 처방을 내놓는다. 자신의 경제 공약이 마치 벼랑 끝에 내몰린 위태위태한 나라의 경제 상황을 구해낼 묘약인 것처럼 선전하면서.

경제 관련 뉴스들은 언제나 힘들다는 하소연뿐이다. 월급쟁이들을 옥죄는 물가 상승 소식들, 자영업자들을 힘 빠지게 하는 내수 경기 침체와 장기화 뉴스들, 대졸 청년들의 취업대란 소식들이 조기 명퇴 뉴스들을 밀어낸 지도 꽤 오래되었다. 온통 돈 이야기이고 사람들 관심사의 최종 종착지는 역시 돈이다.

우리는 자본주의 경제라는 틀 속에 살고 있다. 하루라도 이 틀을 벗어나서 살 수가 없다. 숨 쉬는 것을 제외하고 물 한 방울까지도 모두 돈을 요구한다. 자연으로 나가서 혼자 살지 않는 한 태어나서부터 죽을 때까지 돈이 없으면 할 수 있는 것이 아무것도 없다. 그래서 그토록 돈에 집착해야 하는 우리의 인생이 되었는지도 모른다.

우리가 살고 있는 자본주의에 대해서는 제1장에서 먼저 알아볼 것이다. 사람들이 스스로 일하도록 동기부여를 제공한다는 식의 흔히 아는 긍정적인 이야기는 다루지 않을 것이다. 어려운 이야기가 아닌 매우 알기 쉽고 뻔한 이야기만 할 것이다. 이미 익히 알고 있는 내용이지만 관점을 약간 다르게 볼 것이다. 그래서 약간은 불편하고 불쾌할 수도 있다. 이제부터는 흔히 듣던 뉴스에 심각하게 반응하거나 화가 날 수도 있다. 아무도 속이려 하지는 않았으나 우리 스스로가 속고 살아왔는지도 모른다.

언제부터인가 시작된 두 가지 질문에 대한 답을 찾고자 했다. 땀을 흘리고 수고해야 하는 것이 인간의 삶이라면 평생에 걸친 그 땀과 수고의 양이 얼마나 되어야 할까? 그리고 그 땀과 수고의 결실로 우리가 얻고 누리게 되는 것은 또한 얼마나 되어야 합당한 것일까? 서로를 존중하며 더불어 사는 우리라면, 그리고 자연의 질서에 거스르지 않고 조화를 이루며 살아가는 인간이라면 이 두 가지 질문에 대한 답이 어떠하며, 그것은 현재를 살아가는 우리의 현실과 얼마만큼 차이가 있을 것인가? 제2장부터 시작되는 가치주의 이야기에서 이들 질문에 대한 답을 얻을 수 있을 것이다. 가치주의는 무엇인지, 가치주의 사회가 어떠한지, 이상적인 국가의 모습은 어떠한지도 제대로 볼 수 있을 것이다.

후반부인 제6장과 제7장에서는 자본주의에서 가치주의로 건너가는 다리를 만들어 볼 것이다. 무척이나 두렵고 떨리는 작업이었다. 과연 해낼 수 있을 것인지 그 의심에서 벗어나기까지 극심한 고통의 시간이었다. 어떻게 만들어야 하는지, 얼마만큼 튼튼하게 만들어야 하는지, 그리고 그 다리를 통해서 과연 자본주의에서 가치주의로 정말로 건너갈 수 있는지 알아볼 것이다. 화폐가 어떻게 사라지게 되는지도 보게 될 것이다. 그리고 화폐 없는 세상의 진정한 의미가 무엇인지도 알게 될 것이다.

이 세상에는 쉬운 일도 있고 어려운 일도 있다. 수월한 일도 있고 고통스러운 일도 있다. 시시각각으로 변하는 상황 속에서 우리는 다양한 일들을 경험하게 된다. 그중에서 우리를 많이 불편하게 하는 일이 있다. 알면서도 모른 체하는 일이다. 다가오는 위험을 감지하기에 이를 피할 수만은 없었다. 참혹하고 비극적인 종말이 눈에 밟히기에 고개를 숙인 채 눈을 감고 있을 수만은 없었다. 곪고 썩어가는 것을 하루속히 도려내는 것이 가장 올바른 길임을 알기에 펜을 들게 되었다. 처음 등장하는 이야기지만 자본주의 시대를 살고 있는 우리들의 관심이 모이기를 바랄 뿐이다. 시작은 언제나 미약해 보일 뿐이다.

차례

CHAPTER 03

가치주의 경제

CHAPTER 04

가치주의 산업

차례

CHAPTER 05

가치주의 국가

CHAPTER 06

가치주의
기반 조성

CHAPTER 07

경제의 변환과
가치주의 출범

우리는 삶이 날로 팍팍해지는 이유가 노력이 부족하거나 운이 없는 것이라고 여겼다. 부정부패와 황금 만능주의는 사람들의 이기심 때문이라고 치부했다. 양극화는 가진 자의 편을 드는 정치권의 잘못이라고 나무라기만 했다. 자본주의 자체에 대해서 좀 더 알아보면 우리의 생각이 달라질 것이다. 사람의 잘못인지 체계의 잘못인지 제대로 살펴보자.

CHAPTER
01

자본주의의 민낯

01

{ 자본주의의 모순들 }

성장만을 부르짖는 경제

우리는 왜 경제 성장을 해야 할까? 정부에서 발표하는 경제성장률 수치에 언론들이 그토록 민감한 이유가 무엇일까? 과연 경제 성장률이 무엇이기에 정부는 물론 경제 단체와 언론들까지 여기에 목을 매는 것일까?

경제 성장이란 경제 규모의 성장을 말한다. 한 나라의 경제 규모는 그 나라 사람들이 무언가를 먹고, 무언가를 가지며, 무언가를 누리는 것의 총량을 의미한다. 즉, 경제가 성장한다는 것은 재화와 서비스가 생산되고 소비되는 총량이 증가한다는 것을 의미한다.

인구가 정체되고 우리의 욕심이 커지지 않는다고 가정하면 굳이 경제 성장이 필요하지 않다. 우리가 살던 대로 그대로 살 수 있다. 요새 인구 절벽이라는 말이 심심치 않게 들려오지만 실제로는 인구가 증가하고 있고 따라서 그만큼만 경제가 성장하면 우리는 크게 불편하지 않

15

다. 그냥 현재 살던 대로 살면 되기 때문이다.

경제 규모의 성장

재화/서비스
소비 증가

재화/서비스
공급 증가

생산의 공급

소득 증가↑
대출 증가↑↑

생산성 향상↑

· 경제 성장의 의미 : 경제 규모(재화/서비스의 소비)의 증가
· 경제 성장의 방법 : 생산성 향상(기술 발달 + 환경 파괴) + 대출을 통한 소비의 증가
· 경제 성장의 이유 : 현재의 생활 수준이 유지 또는 나아지려면 경제 성장이 필요

인구 증가의 절벽에 도달한 상황에서
과연 성장만이 올바른 방향인가?

경제가 성장하지 않고 오히려 역성장 또는 축소된다고 하면 그것은 무슨 뜻일까? 흔히들 생각하는 아파트 평수를 줄인다고 보면 된다. 40평대 아파트를 살던 사람이 30평대 아파트에 살아야 하고, 30평대 아파트에 살던 사람이 20평대 아파트로 이사해야 한다는 뜻이다. 자동차를 팔고 대중교통을 이용해야 할지도 모른다. 가족들과 여행을 가거나 외식을 하거나 영화를 보는 것마저도 연중행사로 바뀔지도 모른다.

경제 성장의 방법은 생산 효율이 높아져서 더 많은 재화나 서비스가 시장에 공급되거나, 또는 사람들의 씀씀이가 커져서 더 많은 소비를 하는 것이다. 하지만 안타깝게도 산업 혁명이 일어나는 시기가 아니라면 생산성 향상은 있기는 해도 그리 크지 않다. 대부분의 경제 성장은 소비의 증가가 그 몫을 담당하는데, 이것은 소득이 증가하거나 아니면 대출을 통한 부채의 증가로 가능해진다.

월급이 오르는 것이 미미한 것을 보거나 자영업자들의 삶이 팍팍해지는 것을 보면 꾸역꾸역 이루어지는 경제 성장의 주역은 부채의 증가라는 것을 알 수 있다. 물론 노령화로 인해 부양 인구가 증가하고 있고, 청년 실업을 통해 알 수 있듯이 경제 활동 인구의 유입이 적다는 것을 보면 부채의 증가는 당연한 걸지도 모른다. 아무리 소득이 팍팍해지더라도 그동안의 씀씀이를 줄이는 것은 참으로 어려운 일이 아닐 수 없다.

부채 증가의 의미는?

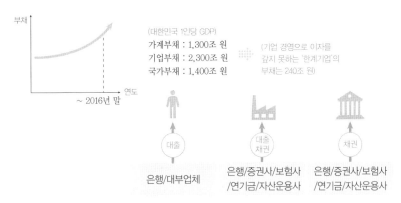

(대한민국 1인당 GDP)
가계부채 : 1,300조 원
기업부채 : 2,300조 원
국가부채 : 1,400조 원

(기업 경영으로 이자를
갚지 못하는 '한계기업'의
부채는 240조 원)

· GDP의 증가와 부채의 증가는 맥을 같이 한다. → 부채 증가는 성장 (거품 성장)
· 생산성 향상 둔화기의 경제 성장은 부채 증가를 통해서다. → 상품 생산의 혁신 또는 급격한 일자리 확대 없는 경제 성장은 미래의 재산을 미리 받아서 현재의 생활 수준 유지를 위해서 사용하는 것이다.

이제부터 부채 증가에 대해서 알아보자. 우리의 부채 규모는 꾸준히 증가해 왔다. 가계도, 기업도, 국가도 예외는 아니다. 부채 증가를 나타내는 그래프를 보자. 정확한 통계 수치를 반영하는 그래프는 아니다. 경향이 이렇다는 뜻이다. 부채 규모의 통계 수치도 대략적으로 이렇다라고만 이해하자. 현재의 부채의 규모가 어마어마하게 크다는 것을 나타내는 것이고, 그것이 시간이 지날수록 더욱 늘어난다는 것을 나타내는 것이다. 가계도, 기업도, 국가도 이 그래프의 경향에서 벗어나지 않는다. 국민 1인당 총생산을 나타내는 GDP의 경향도 이 그래프와 마찬가지인 것을 보면 우리의 경제 성장이 바로 부채의 증가에 의존했음을 쉽게 유추할 수 있다.

부채 증가는 어떻게 이루어질까? 개인이나 가계는 주로 은행이나 대부업체를 찾는다. 기업은 좀 더 많은 방법이 있다. 주거래 은행을 찾을 수도 있고, 회사채를 발행할 수도 있다. 채권을 발행하면 증권사나 보험사, 연기금이나 자산운용사에서 매입하게 된다. 국가도 주로 채권을 발행한다. 보통 국채는 그 발행 규모가 상당히 크고 만기도 여유가 있으며 상당히 안정적인 투자처라고 여긴다. 역시 증권사나 보험사, 연기금이나 자산운용사가 그 고객이 된다.

대출은 만기 때까지 대출금을 갚아야 한다는 뜻이고, 이에 대한 이자도 지불해야 한다. 신용이 부족하면 담보도 잡혀야 한다. 가계에서 흔한 주택 담보 대출은 경제 성장 둔화기에 정부에서 경기 부양을 위해 부추기는 방법 중 하나다. 건설을 일으키고 그 소비를 일으키니 자연스레 큰 규모의 자금이 움직이고 경제의 숨통이 트이게 된다. 하지만 금리가 오르면 어떻게 될까? 이자 부담으로 주택 수요가 축소되고, 담보인 주택 가격의 하락을 야기하며, 이것은 담보를 잡고 있는 은행이 부실해진다는 뜻이다. 기축통화국인 미국의 금리에 주목하는 이유는 우리의 금리가 이에 좌우되기 때문이다. 가계가 먼저 쓰러질지 아니면 은행이 먼저 백기를 들지 아무도 모른다.

채권도 대출과 마찬가지다. 미래의 돈을 미리 끌어서 사용하는 것이다. 지금은 자금이 없으니 여유 있는 자의 돈을 끌어서 먼저 사용하고 나중에 갚아야 하는 것이다. 대출과 마찬가지로 나중에 어떻게 상환할지 막막할 뿐이다. 우리는 우리의 후손들에게 불편한 것을 남겨주고 있다. 재산이 아닌 빚을 그것도 막대하게 넘기고 있는 것이다. 당장 우리가 지금의 생활 수준을 유지하면서 먹고 살아야 한다는 이유로 더 많은 빚을 내고 있고 더 많은 부담을 뒤로 넘기고 있다. 우리가 부채 증가라는 방법을 통해서 경제를 성장시키는 것은 후손들에게 빚을 떠 넘기는 것이고, 이는 후손들의 노동력과 재산을 뺏어서 지금 쓰는 것과 마찬가지인 셈이다. 참으로 불쌍한 후손들이다. 우리보다 훨씬 더 많이 일하고 뼈 빠지게 고생해야 우리와 동등한 생활 수준을 유지할 수 있기 때문이다. 아무리 생각해도 우리보다 형편없이 힘들게 살아야 할 것이다.

부채(대출) 축소의 의미는?

| 대출 규제
또는 축소 | 소비 둔화 | 주가 하락 | 부동산
가치 하락 | 기업 투자
축소 | 일자리
감소 |

· 부채(대출) 축소의 의미
 : 경제 규모(재화/서비스의 소비)의 축소
· 부채(대출) 축소의 또 다른 의미
 : 자본주의 경제 순환 구조의 점진적 마비

· 대출과 소비를 권장하는 사회(섬뜩한 담배 광고는 있어도 섬뜩한 대출 광고는 없다)
· 인구의 정체나 감소를 커다란 사회적 문제로 여기는 사회(생산/소비/대출)

그렇다면 우리의 부채를 축소하게 되면 어떻게 될까? 즉, 더 이상 대출을 하지 않고 오히려 빚을 갚아 나가는 것이다. 가계도, 기업도, 국가도 그렇게 하는 것이다.

우리의 허리띠를 졸라매면 어떻게 될까? 우리가 아껴서 산다는 것은 소비를 하지 않는다는 뜻이다. 시중에 자금이 잘 나오지 않고 물건이 팔리지 않으니 기업의 주가는 떨어지게 된다. 부동산도 사지 않으니 부동산 가격도 하락하게 된다. 경기 불황으로 이어지고 당연히 기업은 신규 투자를 줄이게 된다. 기업이 남는 인력을 내보내고, 신규 인력은 채용하지 않게 되니 우리의 일자리는 점점 줄어들게 되며, 가뜩이나 어려운 청년들의 취업은 직격탄을 맞게 된다.

이것만이 아니다. 경제의 침체는 우리의 소득 감소를 불러일으켜서 장기적이고 필연적인 경기 침체와 소득 감소 및 경제 규모 축소의 악순환을 맞이하게 된다. 이것은 경제 순환 구조의 마비를 의미하고 시간이 지날수록 수많은 사회적 문제를 불러일으켜서 자본주의가 그 종말을 맞이할 수도 있다. 이러지도 못하고 저러지도 못하는 현실이다.

그래서일까? 언제나 그렇듯이 정부는 대출과 소비를 은근히 부추기고 있고, 아니 권장하고 있다고 보인다. 결혼을 늦추거나 저출산도, 그래서 결국은 향후 경제를 담당해야 하는 인구 유입이 정체되거나 축소되는 것을 커다란 문제로 보고 있다. 나중에 설명할 연금 재정의 문제도 주요 이유 중 하나일 것이다.

통화나 채권 발행의 의미는?

국가에서 통화를 발행한다고 이의를 제기하는 사람은 없다. 채권을 발행한다고 해도 아무도 대수롭지 않게 여긴다. 채권은 회사도 발행할 수 있다. 은행도 발행한다. 국채 말고도 회사채, 은행채, 지방채, 특수채 등이 있다. 어느 기관에서 어떠한 채권이 발행되어도 일반 국민들은 별로 신경 쓰지 않는다.

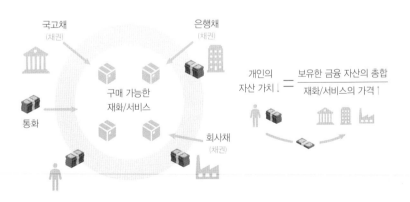

통화/채권의 발행은 개인의 금융 자산 중 일부가 발행기관인 국가/은행/기업으로
합법적으로 새어 나가는 것을 의미한다.
→ 물가 상승으로 체감

통화가 발행되는 것과 채권이 발행된다는 것은 무슨 뜻일까? 그것은 시중에 돈이 많아진다는 뜻이다. 시중에 공급되는 재화나 서비스가 증가하지 않는다면, 돈이 많이 풀린다는 것은 재화나 서비스의 가격 상승으로 이어지게 된다. 이것을 다르게 해석하면 우리가 구매할 수 있는 재화나 서비스의 총량이 줄어들게 되니 우리의 금융 자산이 줄어든다는 뜻이다.

이를 다시 정리해보면, 국가나 회사나 은행 등이 통화나 채권을 발행하면 우리의 금융 자산의 가치가 하락하는 것이다. 즉, 우리의 실질적인 재산이 발행 기관으로 새어 나가는 것이다. 아무런 법적인 하자 없이, 공식적으로. 우리는 물가 상승으로 이를 체감할 뿐이다. 우리는 채권 발행과 연관된 공적자금의 투입이나 추경 예산의 편성이라는 언론의 발표를 우리 재산의 누수로 알아들어야 할 것이다.

금리 변화의 의미는?

·낮은 금리 → 주식/부동산으로 자금 쏠림 · 시중 자금 모자람 · 물가 안정 흐름 예상

개인의 금융 자산 가치는 불변?
→ 금리/주식/부동산 등 시중의 자금 흐름에 따라 변동

·높은 금리 → 주식/부동산 투자 자금 이탈 → 시중 자금 많아짐 → 물가 상승 흐름 예상

매우 조심스럽고도 드물기는 하지만 한국은행의 기준 금리 변화에 대한 뉴스를 들을 때가 있다. 이는 다른 뉴스들보다 좀 더 민감하게 귀에 들어온다. 주식에 관심이 많은 사람들도, 부동산에 재산이 묶여 있는 사람들도 모두 주의 깊게 이 여파를 알아보게 된다.

금리가 낮아지고 이것이 시중에서 낮은 금리라고 여기는 수준이 된다면 시중의 자금은 은행이 아닌 증시나 부동산으로 옮겨가게 된다. 그쪽의 수익이 훨씬 크기 때문이다. 단기적으로는 시중의 자금이 축소되고, 재화나 서비스의 가격이 안정되는 효과가 예상된다.

금리가 높아지고 이것이 시중에서 높은 금리라고 여기게 된다면 시중의 자금은 증시나 부동산을 떠나서 은행으로 향할 것이다. 역시나 이쪽의 수익이 높기 때문이다. 단기적으로는 시중의 자금이 많아지고, 이는 재화나 서비스의 가격이 상대적으로 높아지는 효과가 예상된다. 경제 상황이 반드시 이렇게 된다는 뜻이 아니라 이런 방향의 흐름이 예상된다는 뜻이다.

어느 경우이건 우리의 금융자산의 가치가 금리라는 지표에 의해서 조금씩 변동된다는 것을 알 수 있다. 자본주의에서는 자신이 소유한 자산의 가치가 외부의 환경에 의해 변한다는 뜻이다. 열심히 일해서 수중에 들어온 돈이지만 그 가치는 여전히 변하고 있는 중이다. 가치 변화에 영향을 주는 것은 굳이 금리만이 아니다. 증시나 부동산도 자체적으로 우리가 가진 금융 자산의 가치 변화에 영향을 준다.

금융 위기, 유동성 위기, 외환 위기는?

· 부동산 자산/상품 및 재고/기술력 등의 보유 중인 실제적인 자산의 가치는 충분
· 영업 실적 하락 또는 자산 매각 실패로 일시적 경영 자금 부족

흑자 도산 / 유동성 위기 / 외환 위기 …
→ 실제적인 자산이나 가치를 현금화 하는 것이 매우 불편한 경제 체계의 문제
→ 대출을 시작으로 돌아가는 경제 체계가 보다 근본적인 문제

오래전 겪었던 뼈아픈 기억이 아직도 생생하다. 여기저기서 기업이 도산하고, 그룹 간 빅딜이 일어나고, 직장을 잃은 사람들이 대거 자영업에 뛰어들었다. 그러다가 대부분 망하고 집마저 잃고 거리로 내몰려야 했던 사람들이 어디에나 넘쳐났던 때다. 명퇴라는 말이, 실직이라는 말이, 파산이라는 말이 너무나 흔했고 위로해 주는 사람들도 처지는 별반 다르지 않았다. 국민들이 한마음으로 장롱을 뒤져서 금 모으기에 동참했으며, 허리띠가 끊어지도록 졸라맸던 바로 그때다.

그래서 우리는 이 말을 절대로 잊지 못한다. 바로 IMF 금융 위기다. 금융 위기와 유동성 위기 그리고 외환 위기는 모두 결국 같은 이야기다. 여력은 있는데 당장은 돈이 없거나 혹은 외환이 없다는 뜻이다. 이게 무슨 뜻인가? 여력이라는 말을 재산으로 해석하면 재산은 있는데 갚을 돈은 없다는 것이다. 이게 무슨 모순인가? 능력이 있는데 갚을 돈

이 없다니.

자본주의 경제는 자산이나 가치가 현금과는 다르다. 아무리 많은 자산이나 가치를 보유하고 있더라도 현금화에 실패하면 아무도 인정해 주지 않는다. 그래서 작은 규모의 대출로 신규 투자를 했고 그것보다 훨씬 많은 자산을 보유하고 있더라도, 그리고 이익이 발생하고 있어도 만기 때에 현금이 부족하면 유동성 위기가 오는 것이다. 그리고 도산할 수도 있는 것이다. 흑자도산이라는 말이다. 대출이라는 방법으로 미리 빚을 내어서 사용하도록 하는 제도가 보다 근본적인 모순일 것이다. 이에 대해서는 2장에서 좀 더 자세히 언급할 것이다.

우리는 왜 열심히 일해도 힘들까?

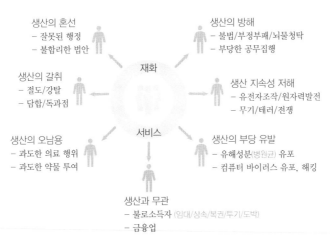

· 생산 : 성실한 근로자
· 소비 : 성실한 근로자 + 사회적 가치 생산 불성실자
사회적 가치 생산 불성실자에게 성실한 근로자의 대가를 나누는 것

이 부분은 좀 더 유심히 보아야 한다. 우리는 왜 열심히 일해도 늘 힘들게 살아야 할까? 이 책을 쓰게 된 동기가 되는 이야기다. 우리는 열심히 일해서 재화나 서비스를 만들어 낸다. 그리고 그것을 공유해서 함께 살아가게 된다. 식품, 에너지, 공산품을 생산하기도 하고, 교육, 유통, 의료, 법률 등의 서비스를 제공하기도 한다

주변을 돌아보자. 경제 활동에 참여하는 주변 사람들도 거의 예외 없이 열심히 일한다. 하지만 좀 더 자세히 들여다보면 상황이 조금은 달라진다. 어떤 이들은 우리의 생산 활동에 혼선을 초래하게 한다. 잘 못된 행정이나 불합리한 법안 등이 대표적이 사례다. 이들도 열심히 일하지만, 혼선을 주는 이들의 활동이 오히려 우리가 좀 더 힘들게 일해야 예정된 생산 성과를 얻을 수 있도록 만든 셈이다. 우리의 생산 활동에 방해를 주는 경우도 있다. 불법, 부정부패, 뇌물 청탁, 부당한 공무 집행 등이 그 사례다. 그래도 우리는 이런 방해 활동을 이겨내고 생산 활동을 해낸다.

우리의 생산 결과를 갈취하는 경우도 있다. 절도나 강탈 같은 명백한 불법 행위 말고도 담합이나 독과점 같은 방법도 동원된다. 과도한 의료 행위나 약물 오남용 같은 경우는 우리가 여기에 빼앗기는 돈을 감안해서 더 많은 일을 하도록 만든다. 이 부분은 가치주의 보건 분야에서보다 심도 있게 다룰 것이다. 유전자 조작이나 원자력 발전 분야에 종사하는 사람들도, 그리고 무기 생산, 테러, 전쟁 관련 일들도 장기적으로 우리의 지속적인 생산 활동을 저해한다는 측면에서 우리를 힘들게 하는 사람들이다. 이에 대해서도 뒷부분에 좀 더 자세히 언급될 것이다.

유해한 것을 만들어서 사회에 배포해서 우리를 힘들게 하는 경우도

있다. 우리가 이를 잘 인지하지 못하거나 범죄의 증거를 잡아내기가 매우 어렵기는 해도 유해 병균을 배포해서 특정 약품의 판매를 높이는 일이 일어난다. 컴퓨터 바이러스 배포나 해킹 같은 행위도 마찬가지의 경우다. 생산에 무관한 사람들도 있다. 부동산 임대, 상속, 복권 당첨, 투기나 도박자 같은 불로소득자들이다. 아무리 세금을 낸다고 해도 그들이 취하는 가치에 비해 그 노력에 대한 해명은 턱없이 부족할 뿐이다. 금융 관련 종사자 분들도 사회적 가치 생산에는 도움이 되지 못하고 있음을 이 책에서는 언급하고자 한다. 뒤에서 좀 더 설명할 것이다. 이분들도 열심히 일하기는 하지만 자본주의의 체계를 지키는 일일 뿐이다.

위에서 여러 부류의 사회적 가치 생산 불성실자를 언급했다. 가만히 보면 우리는 누구나 예외 없이 재화나 서비스를 공급받아서 산다. 이것은 우리 사회에 생산된 것을 우리 모두가 나누어서 쓴다는 뜻이다. 우리는 성실한 근로자의 것만을 생산하지는 않는다. 사회적 가치 생산의 불성실자들이 사용해야 하는 재화나 서비스도 생산해서 이들과 함께 나누어서 사는 세상이다. 즉, 성실한 자가 불성실한 자의 것까지 생산해야 하기에, 그래서 우리는 늘 우리가 해야 할 일보다 훨씬 더 많이 해야 한다. 더 힘들게 살아야만 한다. 원래 우리에게 예정된 몫보다 더 힘들게.

실업과 일자리 부족은 누구 탓인가?

우리나라도 경제가 한참 성장하던 시기가 있었다. 그때는 기업들이

호황을 누리고 해마다 신규 인력 채용 규모를 채우지 못하곤 했다. 어디를 가나 인력난, 구인난이었다. 대학 나오면 직장을 골라서 가던 시기, 그런 때가 우리에게도 있었다. 지금은 아련한 추억일 뿐이다.

요즘 청년 실업의 문제가 심각하다. 주변을 보면 취업에 성공한 청년을 찾으려면 하늘의 별따기다. 무능한 자들이 배출되어서 사회에 나오기 때문일까? 아니다. 절대로 아니다. 아무리 이름있는 대학을 나와도, 아무리 많은 자격증에 외국어 능력을 갖추고 있어도, 취업이라는 관문은 높고 높은 벽일 뿐이다.

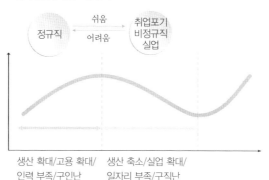

* 경기 순환에 따른 고용 변화

취업률 상승은 경기가 좋을 때/실업률 상승은 경기가 나쁠 때
한 번 정해진 일자리 계층에서 상승은 어렵고 하락은 용이하다

경제 환경에 따라서 개인의 일자리가 크게 좌우된다

그렇다면 이것은 누구의 잘못일까? 취업 지망자 본인의 문제인가? 이들을 길러낸 교육의 문제인가? 아니면 취업 대책에 제대로 대처하지 못한 정부의 탓일까? 자기 실속만 차리는 기업의 이기심이 문제인가?

아니다. 모두 아니다. 그저 경기의 문제다. 우리의 경제 환경이 성장기이면 모두 다 해결된다. 취업도, 그것도 정규직으로. 우리는 매우 심각하게 고민해 봐야 한다. 경제 환경에 따라 우리의 일자리가 한순간에 소멸하는 이 자본주의에 체계에 대해서.

지하경제란?

지하경제
과세의 대상이나 정부의 규제로부터 피하기 위하여 합법적/비합법적 수단이 동원되어 이루어지는 숨은 경제
→ 지하경제는 국가 세수를 감소시켜서 성실한 납세자의 세금 부담을 늘게 한다.
::::: 국가 부채 증가 및 양극화를 심화 시킴

한때, 지하경제 활성화라는 어느 대선 후보의 말실수가 언론에 시끄럽게 떠돌던 시절이 있었다. 이후 많은 사람들이 지하경제에 대해서 궁금증을 가지게 되었다. 지하경제란 무엇인가? 이는 과세의 대상인 경제인데, 정부의 규제를 피하기 위하여 합법적 또는 비합법적 수단이 동원되어 이루어지는 지하로 숨어버린 경제, 즉 세금을 내지 않는 경제를 말한다. 이게 무슨 소리인가? 우리가 인지하지 못하는 지하에도 경제가 흐르고 있다니.

지하경제에는 자영업자의 현금 결제를 통한 세금 탈루도 해당된다. 현금 결제 자체는 문제가 없으나 매출 신고를 축소하는 경우에 대한 말이다. 기업의 비자금이나 해외 법인이나 페이퍼 컴퍼니를 통한 탈세도 포함된다. 사채, 범죄, 절도와 같은 위법 행위로 흘러들어간 경제도 해당이 되고, 마약, 도박, 매춘이나 불법 노동, 불법 제조, 불법 거래에 이용되는 자금도 지하경제에 해당된다. 기업의 사내 유보금도, 개인 금고에 보관된 고액권 다발도, 개인 소장 고액의 미술품이나 골동품도 언제 지하경제로 흘러들어 갈지 모른다.

지하경제란 정상적인 세금을 내지 않는 경제다. 즉, 국가의 세수가 부족해지고 따라서 일반 국민들이 더 많은 세금을 내게끔 만드는 경제다. 지하경제를 남의 일이라고 여기거나, 우습게 보지 말자. 지하경제의 규모만큼 우리는 더 세금을 내야 한다. 누군가 어떤 일을 하지 않으면 다른 누군가는 그 일까지도 하도록 세상은 그렇게 돌아간다.

부실 대기업 회생을 위한 공적 자금 투입은?

그룹 지주회사	그룹 내 재정 부실 대기업	1차 협력업체	2차 협력업체	3차 협력업체
		1차 협력업체	2차 협력업체	3차 협력업체

↑ 천문학적인 공적 자금 투입

추경예산   세금

채권 발행을 통한
국고채 자금 조달

· 부실 기업이 파산하면 헛된 재정 낭비
· 부실 기업이 회생해도 국민들에게 돌아오는 몫은 전혀 없음

· 세금은 국민들의 지금의 피와 땀
· 추경예산은 국민들의 미래의 피와 땀을 미리 빌어서 쓰는 것

부실 대기업에 대한 공적자금 투입에 대한 이야기가 종종 언론에서 흘러나온다. 이 또한 남의 일처럼 흘려버리는 사람들이 대부분이다. 언론에서 이런 이야기가 자꾸만 새어 나오는 것은 정부에서 그런 의지를 가지고 있기 때문이다. 그렇다면 이것은 과연 무슨 의미일까?

대기업이 부실해진 이유는 경영 실책 때문이다. 투자를 잘못했거나, 제품이 시장에서 외면받거나, 혹은 이익이 아닌 손해가 나는 경영을 하는 경우도 있다. 물론 내부 직원들이나 기업 소유주의 부패에 의해 경영 자금이 부당하게 새어 나간 경우도 있을 것이다. 부실해진 대기업을 살려야 하는 이유는 무엇일까? 그 대기업에 납품하는 수많은 협력업체들과 그 직원들 때문일 것이다. 그리고 그 대기업이 무너지면 복잡하게 얽힌 지분 관계 때문에 해당 그룹 전체가 무너질 수도 있기 때문이다. 참으로 어처구니없는 경우이다. 잘못한 사람은 따로 있는데 다른 사람들이 피해를 보아야 하니.

그렇다면, 공적 자금에 대해서 알아보자. 공적 자금은 대부분 국민

들이 낸 세금이다. 세금에 그럴 여유가 없다는 것은 뻔한 이야기이기에 정부는 추경 예산을 편성하는 것을 추진할 것이다. 추경예산은 국채를 발행한다는 뜻이고, 이는 빚을 지고 미리 끌어서 사용하는 것이다. 국민들은 앞으로 그것마저 열심히 일해서 갚아야 한다는 뜻이다. 결국 국민들이 일해서 부실 경영의 잘못을 책임지는 것이다. 그 규모는 최소 수조 원이니 실로 어마어마하다. 그렇게 공적자금을 투입해도 기업이 망하게 되면 헛된 낭비만 한 꼴이다. 만약에 그 기업이 회생하더라도 우리에게 돌아오는 것은 결국 아무것도 없다. 성실한 근로자의 호주머니는 이번에도 호구인 셈이다.

동일 노동인데 왜 차별 임금?

· 높은 소득 : 수요 많을 때, 인식 높을 때, 진입 장벽 높을 때, 기업의 주인
· 낮은 소득 : 수요 적을 때, 인식 낮을 때, 진입 장벽 낮을 때, 기업의 피고용인
· 소득은 진입 장벽과 연관
· 노동 시간 및 노동 강도와 무관   임금 지급 및 소득의 합리적인
· 수요와 연관   기준이 없거나 부족하다

우리는 흔히 이렇게 생각한다. 같은 일을 하면 같은 대우를 받아야 한다고. 실상은 어떠할까? 기업주, 기업 임원, 전문직, 정규직, 비정규직의 임금을 생각해 보자. 당연히 이 순서대로 임금의 순위가 매겨질 것이다. 이것은 왜 그런 것일까? 사회적 인식 때문이다. 직무에 따라서

높다고 인식하면 좀 더 많은 임금을 지급해야 한다는 인식이 자리하고 있기 때문이다.

직종에 따라서도 그 차이가 발생한다. 예를 들어서 건설업, 자동차업, 언론 등의 직종에 따라서 업계의 임금 수준이 달라진다. 아무래도 해당 업계마다 이윤 차이가 있기 때문일 것이다. 그리고 기업주는 이윤에 따라 소득의 편차가 심하나 고소득을 취하게 될 것이고, 피고용인은 안정적인 임금을 받으나 그 수준이 높지 않게 된다.

일반적으로 높은 소득을 받는 일은 수요가 많고, 인식이 높고, 해당 직종의 진입 장벽이 높으며, 기업주인 경우에 해당한다. 낮은 소득인 경우는 수요가 적고, 인식이 낮고, 진입 장벽이 낮으며, 피고용인의 경우에 해당한다. 이것은 소득이 노동의 대가와는 관계가 없다는 뜻이다. 자본주의에서는 임금 지급에 대한 합리적인 기준이 없다는 뜻이기도 하다. 소득의 합리적인 개념에 대해서 뒷부분에서 좀 더 자세히 다루게 될 것이다.

사회적 가치 창출과 수익은 왜 다른가?

우리들이 흔히 필요로 하는 재화를 얻고자 할 때 소요되는 비용을 따져 보자. 쌀, 석유, 전기, 휴대폰, 자동차, 담배를 비교해 보았다. 각각 1년간 국내 소비자의 수요를 충족한다는 가정이고, 가격은 가장 최근의 자료를 근거했으나, 굳이 정밀하게 따지지 않아도 비슷한 결과를 도출하게 될 것이다. 상세 조건은 다음 페이지 그림에 기록된 내용을 참조하면 된다. 전력 소비 비용은 2016년 자료를 참조했으나 이 또한 대략적인 수치가 이 정도라고만 인식하면 된다.

국내 연간 석유 소비(8.3
억 배럴 산정, 1배럴 50달러
산정, 1달러 1,100원 산정)
→ 45조 원
· 국내 1년간 석유 수요
충족

국내 휴대폰 사용(3천만
명 사용/기기비 52만 원/
통신비 월4만 원 가정)
→ 30조 원
· 국내 사용자 1년간
휴대폰 사용

국내 연간 담배 소비
(연평균 36억 갑, 1갑 평균
4,500원 가정)
→ 16조 원
· 국가 담뱃세 수입
· 국내 흡연자 1년간 담배 공급
비흡연자 간접 흡연 유발
질병으로 건강 보험 재정 악화

국내 연간 쌀 소비(300만
톤 산정, 10kg 2만 원 산정)
→ 6조 원
· 전 국민 1년간 쌀 수요
충족

국내 연간 전력 소비
→ 55조 원
· 국내 1년간 전력 수요
충족
· 원자력 : 핵 폐기물

국내 자동차 운행(2,200
만대 산정/1대 2,000만 원/
10년 보유/연간 1만km주행/
연비, 유류비 리터당 10km,
1,400원 가정)
→ 75조 원
· 국내 사용자 1년간
자동차 사용
· 대기 오염 유발

· 수익은 사회적 가치와 무관 : 생산원가(재료/개발/투자비…) 근거 가격 책정
· 사회적인 가치 손실이 발생해도 공급자는 이익을 취함

　　세부 사항을 좀 더 언급하면, 주택용/일반용/교육용/산업용/농사용/가로등/심야전력으로 구분되고, 각각 개략적으로 680/1086/81/2788/166/35/134억 kWh를 사용했다. 각각의 단가는 123.7/130.5/113.2/107.4/47.3/113.4/67.2 원/kWh이다. 사용량과 단가를 곱해서 각각의 항목을 더하면 55조 원쯤의 연간 소비 비용이 산출된다. 쌀, 석유, 전기, 휴대폰, 자동차, 담배의 소비 비용은 개략적으로 각각 6조 원, 45조 원, 55조 원, 30조 원, 64조 원, 16조 원이다. 이들 가격에 가장 많이 영향을 미치는 요소는 아무래도 생산 원가이다. 재료비, 개발비, 투자비 등등일 것이다. 이번에는 사회적 가치도 고려해서 따져 보자. 사회적 가치에

대한 명확한 기준이 없기 때문에 우리가 쉽게 생각할 수 있는 것만 언급하고자 한다.

쌀은 우리나라 국민들 전체가 1년간 밥을 먹을 수 있는 가치를 제공하고 그것이 6조 원 든다는 뜻이다. 석유도 우리나라에서 1년간 사용하는 가치를 제공하고, 그것이 45조 원 든다는 뜻이다. 전력도 우리나라 연간 사용을 의미하며, 55조 원이 들지만 원자력 발전에 의한 방사성 폐기물이 배출되는 사회적 손실도 발생한다. 물론 재난 등의 위험에 항상 노출되어 있다는 점도 언급해야 한다. 휴대폰도 우리나라의 수요자가 1년간 스마트폰을 사용한다고 보고 개략적으로 산출한 비용이고 30조 원이 든다는 뜻이다.

자동차는 국내 수요자가 자동차를 사서 10년간 사용하는 비용을 10으로 나눈 비용이고 64조 원이 든다는 뜻이다. 역시 대기오염에 의한 사회적 손실을 언급해야 한다. 담배는 국내 수요자 1년간 소비하는 금액을 개략적으로 산출한 것이고 16조 원이 든다는 뜻이다. 사회적 가치로는 담뱃세 수입이 전부이다. 비흡연자의 간접흡연을 포함해서 흡연자의 건강 악화에 의한 사회적 손실은 실로 엄청나다. 건강보험의 재정 악화로 비흡연자에게 인상된 보험금 부담의 피해도 주고 있다.

쌀이 없으면 우리 국민은 살 수 없다. 석유도 반드시 필요하고 전력도 필수적이다. 담배가 쌀보다 2.5배가 비싸다니 무언가 이상하다. 하지만 그게 현실이다. 자본주의에서는 사회적 가치와 가격과는 아무런 연관이 없다. 심지어 사회적 손실이 사회적 가치보다 훨씬 크더라도 그저 생산 비용에 연관되어 매겨지는 가격을 지불하게 된다. 즉, 사회적 손실이 사회적 가치 발생보다 크더라도 공급자는 돈을 벌게 된다. 자본주의에서는 사회적 가치의 개념이 아예 존재하지 않는다.

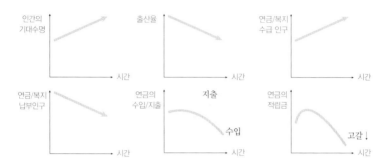

· 장기적으로 연금의 필연적인 고갈 예상
· 경제 활동 인구 저하/연금 수급자 증가/연금 납부자 감소에 기인   그렇다면 노후 보장은
· 연금의 운용이 상당 부분 채권에 투자   무엇으로 ?
  → 채권 부실에 따른 추가 부실도 우려

우리는 노후를 걱정하며 준비를 한다. 국가에서는 강제로 국민연금
이라는 제도를 만들어서 이러한 준비를 도와준다고 말한다. 하지만 그
미래에 대해서는 우려의 시선으로 바라보게 된다. 과연 어떨까?

먼저, 인간의 기대 수명 그래프를 보자. 시간이 지날수록 우리의 기
대 수명은 늘어난다. 반면에 출산율은 오히려 시간이 지날수록 감소한
다. 연금과 복지의 혜택을 받아야 하는 인구는 증가하고 이를 납부하
는 인구는 감소하고 있다. 연금의 수입은 얼마 안 되어 정점을 찍고 오
히려 줄어들 전망이고, 지출은 계속 증가할 전망이다. 연금의 적립금도
이대로만 가면 언젠가는 머지않은 시점에 고갈을 맞이할 것이다.

우리의 노후를 책임진다는 연금이 고갈된다고 하는데 우리까지는 그
혜택을 보게 될까? 우리까지는 혜택을 보게 된다 할지라도 무언가 잘
못되어 있다는 것을 알아야 한다. 물론 이대로 가다가는 연금이 바닥

36

나는 상황인데 국가에서 제공하는 복지의 혜택을 기대하는 것은 무리일 것이다.

애초에 잘못된 설정이다. 공급이 줄어드는데 수요는 늘어나면 어차피 이를 해결할 방법은 존재하지 않는다. 자본주의에서는 복지라는 혜택을 주기 위해 연금을 선택했는지 모르지만, 연금을 납부하는 것은 미래의 혜택을 담보로 하는 믿을 수 없는 거래다. 연금은 경제 성장기와 인구 증가기에만 효력이 있을 뿐이다.

연금의 운용이 상당 부분 채권에 투자하는 있는 현실을 고려하면 채권 부실화에 따라서 적립금 고갈의 시점이 당겨질 수도 있다. 우리는 미래를 대비하려면 새로운 방법을 찾아야 할 것이다.

기본소득제로 최소한의 삶의 질 보장이 가능할까?

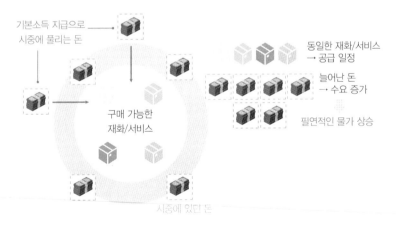

· 통화 발행이나 시중 통화를 늘리는 방식의 기본소득의 지급은 취약 계층의 형편에 크게 기여하지 못함

· 모든 사람들에게 일정한 돈을 지급하는 기본소득제는 그 재원을 최상위 부자들의 주머니에서 가져오면 제대로 된 효과를 발휘함

언제부터인가 기본소득제라는 말이 들리기 시작했다. 대선 후보들마다 이에 대한 이야기들을 한마디씩 한다. 아니, 유권자들이 이들에게 묻는다. 대선에 당선되면 기본소득제를 실시할 것인지를. 기본소득제가 만능이라고 여기는 분들도 있는 것 같다. '아니 최소한 지금보다는 나아지지 않겠는가.' 라고 생각하는 사람이 많을 것이다.

과연 어떨까? 기본소득제도로 우리의 형편이 나아질 것인가? 맞는 측면도 있지만, 반드시 그렇지만은 않다고 봐야 한다. 무슨 뜻인가 살펴보자. 시중에 자금이 많아지는 방식의 기본소득제라면 우리의 형편은 별반 나아지지 않는다. 우리가 구매하고자 하는 재화나 서비스가 그대로인데 돈만 많아지면 물가가 오르기 때문이다. 즉, 기본소득제의 재원을 통화나 채권 발행을 통해서 한다면 별반 소용이 없다는 뜻이다.

모든 사람을 대상으로 하는 세금 증세를 통해서 재원을 마련해도 효과는 반감된다. 가난한 사람들도 세금을 내야 하기 때문이다. 결국은 답은 하나다. 최상위 부자들의 호주머니에서 재원을 마련하면 된다. 그러면 확실히 기본소득제가 효과를 발휘한다. 부자 증세를 하든지, 법인세를 많이 올리든지, 아니면 기존의 상속세 탈루를 철저히 응징하고 미납 세금에 벌금까지 물어서 추징해서 재원을 마련한다면 금상첨화일 것이다. 그리고 기본소득 지급도 소득 수준이 일정 기준 이하인 분들을 대상으로 해야 효과가 극대화될 것이다. 이런 조건을 모두 지키려면 기본소득제는 아직은 요원한 이야기인지도 모른다.

성장과 풍요의 미래는?

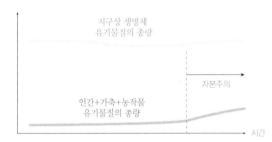

· 멸종 동식물 증가 : 인간, 가축, 농작물의 비율의 증가가 원인
· 개체수 급증에 대한 자연의 저항 증가

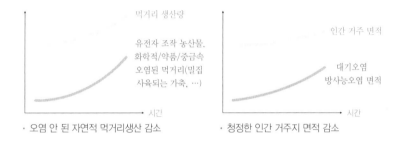

· 오염 안 된 자연적 먹거리생산 감소　　· 청정한 인간 거주지 면적 감소

인구 증가/청정 먹거리 축소/청정 거주지 축소
→ 인류의 미래는 암울

　오래전 역사를 거슬러 올라가 보면 우리 인류는 참으로 힘들게 살아왔음을 알 수 있다. 최근에 이르러서야 먹고 사는 문제에서 어느 정도 자유로워졌다고 말할 수 있다. 그렇다. 아무리 경제가 힘들다고 해도 우리 인류의 평균적인 삶은 지금 최고의 풍요를 누리고 있다. 문명은 계속 발달하고 있고, 우리의 소비도 날로 늘어가고 있다. 하지만 이러한 풍요를 우리는 언제까지나 지속할 수 있을까?

　첫 번째 그래프를 보자. 지구상에 존재하는 생명체를 이루는 유기물질의 총량은 일정 수준을 유지하고 있다. 지구 밖에서 들어오는 것과 지구 밖으로 나가는 것이 미미하며, 지구 안에서는 물질 순환에 의해 어느 정도 일정 수준을 유지한다고 보는 것이다. 하지만 자본주의가 시작된 이래로 이들 유기물질 중에서 우리 인간과 가축 그리고 인간이 재배하는 특정 농작물이 차지하는 비율은 시간이 갈수록 높아지고 있다. 인구도 증가하지만, 우리의 생산도 증가하기 때문이다. 멸종 동식물이 많아지는 결정적인 이유는 전체 생명체를 이루는 유기물의 총량은 비슷한데 인간과 가축 그리고 농작물의 총량이 늘었기 때문이다.

우리 인류가 생산하는 먹거리도 날로 늘고 있다. 하지만 청정 먹거리는 오히려 줄어들고 있다. 유전자 조작에 화학적 약품과 중금속에 오염된 먹거리가 훨씬 더 빠른 속도로 증가하고 있기 때문이다. 우리 인류가 지구상 거주하는 지역도 더 넓어지고 있다. 하지만 대기오염과 방사능 오염에 무관한 청정 지역은 오히려 줄어들고 있다.

인구는 증가하는데 청정 먹거리와 청정 거주 지역은 오히려 줄고 있는 것이다. 당장은 아무런 문제가 없는 듯해도 시간이 갈수록 문제가 점점 심각해질 것이다. 우리의 후손들은 다시 먹을 것으로 인해 그리고 살아갈 터전으로 인해 고통받을 것이다. 지금 우리의 경제 성장과 풍요의 미래는 후손들의 이러한 고통을 의미한다.

자본주의 양극화의 주범

양극화의 주범은 무엇인가?

자본주의에서 가장 불편해하는 진실을 묻는다면 누구라도 양극화를 꼽을 것이다. 자본주의에서 양극화는 왜 나타날까? 그리고 양극화는 왜 심화되는 것일까? 언론이나 경제 관련 자료에서 그리고 정부의 대책에서도 늘 언급되는 문제라지만 아무도 제대로 답을 내놓지 않고 있다. 몰라서일까? 아니면 일부러일까? 그래서 이 책에서는 과감히 말하고자 한다. 누가 양극화의 주범인지를.

포브스(Forbes)에서 제시한 우리나라 부호들의 순위와 재산에 대한 최근 자료를 보자. 이 그래프가 마음에 안 들면 포브스 홈페이지에 가서 더 최신의 자료를 찾아보면 세계 각국의 부호들도 그리고 우리나라의 부호들도 모두 볼 수 있다. 이 자료와의 차이는 많지 않을 것이다. L모 회장이 최고 부호로 등장한다. 무려 17조 원이 넘는 재산이다. 다른 사람들도 보자. 그리고 공통점을 찾아보자.

LXX SXX LXX JXX KXX KXX CXX PXX JXX LXX SXX LXX LXX SXX HXX KXX GXX HXX KXX LXX

사회적 가치와 무관한 주식의 초(超) 고평가 → 주가는 실제의 가치와 무관

→ 기업의 주식 상장을 통해 초고속으로 초고소득자 대열 진입

→ 주가는 손쉽게 부를 얻고자 하는 투자자의 부푼 기대 심리의 총합,
  미래의 불확정 가치를 지금 시점에 가치를 부여해서 사용하는 것

순위	이름	분야	재산 내역				
			추정 재산		주식	부동산	형성 과정
1	LXX	전자, 금융	15.1B $	17.2조원	◎	○	상속
2	SXX	화장품	6.7B $	7.6조원	◎	○	상속
3	LXX	전자, 금융	6B $	6.8조원	◎	○	상속
4	JXX	자동차	4.9B $	5.6조원	◎	○	상속
5	KXX	온라인게임	4.9B $	5.6조원	◎		자수성가
6	KXX	온라인게임	4.3B $	4.9조원	◎		자수성가
7	CXX	이동통신, 화학	3.2B $	3.7조원	◎	○	상속
8	PXX	금융	2.9B $	3.3조원	◎		자수성가
9	JXX	자동차	2.6B $	3.0조원	◎	○	상속
10	LXX	부동산, 건설	2.3B $	2.6조원	○	◎	자수성가
11	SXX	의약품	2.2B $	2.5조원	◎		자수성가
12	LXX	식품, 미디어	2.1B $	2.2조원	◎	○	상속
13	LXX	제약	1.9B $	2.2조원	◎		자수성가
14	SXX	금융	1.9B $	2.2조원	◎		상속
15	HXX	전자, 금융	1.8B $	2.1조원	◎		상속
16	KXX	온라인 서비스	1.7B $	1.9조원	◎		자수성가
17	GXX	전자, 화학	1.6B $	1.8조원	◎	○	상속
18	HXX	식품	1.6B $	1.8조원	◎		상속
19	KXX	식품	1.6B $	1.8조원	◎		상속
20	LXX	전자, 금융	1.6B $	1.8조원	◎	○	상속

이들의 재산은 거의 대부분 주식이다. 물론 부동산도 있다. 하지만 주식을 모두 제외하면 얼마나 되겠는가? 부동산까지 제외하고 나면 이들의 재산이 아마도 수백억대로 이하로 줄어들 것이다.

주가란 무엇일까? 주가는 손쉽게 부를 얻고자 하는 투자자의 부푼 기대 심리의 총합이다. 다시 말해서, 미래의 불확정 가치를 지금 시점에 가치를 부여해서 사용하는 것이다. 주가가 실제의 가치와 똑같다면 무슨 문제가 있겠는가? 하지만 실제의 가치를 반영하고 있지 않고 오히려 부푼 투자 심리가 모여서 실제 가치가 부푸는 효과가 투영되어 반영된 수치일 뿐이다. 그것이 우리가 사용되는 돈으로 아무 가감없이 그대로 환산이 된다는 것이 문제다.

최고의 부호들은 모두 기업의 주가 상승으로 부자가 되거나 아니면 주식 상장을 통해 초고속으로 최고 부자의 대열에 진입한 것이다. 단지 고액의 월급을 열심히 모은다고 해서 여기에 들어갈 수 있는 것이 절대로 아니다. 그렇다면 양극화의 주범 중에서 그 한쪽의 이유를 찾은 것 같다.

범인은 증시

20대 부호가 되는 과정을 살펴보자. 먼저, 기업을 상속받고 기업이 성장해서 주가가 오르는 경우이다. 두 번째는 창업하고 기업을 성장시키고 주식을 상장해서 대박을 터뜨리는 경우이다. 세 번째는 부동산을 상속받고 부동산 가격이 오르는 것이다. 우리나라 최고의 부호들은 첫번째와 두 번째의 경우가 대부분이다.

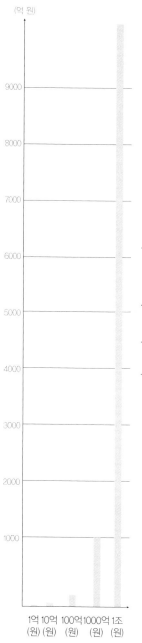

(억 원)

9000

8000

7000

6000

5000

4000

3000

2000

1000

1억　10억　100억　1000억　1조
(원)　(원)　(원)　(원)　(원)

자본의 양극화 원인

·20대 부호 진입 과정 :
  – 주식 상속 → 기업 성장
  – 창업 → 기업 성장 → 주식 상장
  – 부동산 상속 → 부동산 가격 상승
·20대 부호 특징 :
  – 주식 부자(상속>자수) 〉 부동산

·기타 부자 : 대부호와는 비교 안됨
  – 연예인/체육인/기업임원/중소기업주
·양극화 원인 : 자본주의 제도의 문제
  – 상속 : 기회의 원천적 불평등 가중
  – 부동산 : 작은 노력 → 고부가가치
  – 주식 : 작은 노력 → 막대한 고부가가치

증시는 자본주의의
꽃이 아닌 양극화를
일으키는 주범

우리가 흔히 우러르는 유명인들을 생각해 보자 스포츠에서 엄청난 부를 거머쥔 스타들, 연예인들, 유명한 법조인들, 하지만 이들의 재산은 주식 부자들에 비하면 초라하기 이를 데 없다. 코끼리 앞에 개미만도 못할 뿐이다. 그래프를 보자. 1조 원과 1백억 원을 비교해 보자. 어디 비교가 되는가? 우리가 흔히 잘산다고 여기는 수십억 원의 부자들과 수조 원의 부호들을 비교하면 어떻게 비교가 되겠는가?

이제 양극화 주범을 자본주의 제도 자체라고 지목하려고 한다. 상속이라는 기회의 원천적 불평등을 야기하는 제도, 부동산 시장이라는 작은 노력으로 큰 부가가치를 얻도록 허용하는 제도, 그리고 가장 중요한 주범인 증시라는 작은 노력으로 막대한 부가가치를 얻도록 허용하는 제도다. 물론 반대로 그만큼의 엄청난 손실도 볼 수 있는 제도. 증시는 자본주의의 꽃이라고 하지만 사실 양극화의 결정적인 주범인 것이다.

수고와 사회적 기여는 소득과 전혀 관계없다

	수고 (진입장벽/근로강도/ 근로시간)	사회적 기여 (필수성/사회적수혜성/ 상품성)	소득
대통령 30년 (연봉 2억1천만 원)	10 x 10 x 9 = 900	국정운영 : 9~10 x 9~10 x 5~7 = 405~700	63억 원
부장판사 30년 (연봉 1억 원)	8 x 7 x 7 = 441	재판 : 7~8 x 5~7 x 6~8 = 210~448	30억 원
대기업 임원 30년 (연봉 10억 원)	8 x 8 x 8 = 512	대기업 경영 : 6~7 x 3~5 x 7~8 = 126~280	300억 원
종합병원 전문의 30년 (연봉 1.5억 원)	7 x 7 x 7 = 343	환자 치료 : 7~8 x 5~7 x 7~8 = 245~448	45억 원
자영 농부 30년 (연소득 5천만 원)	4 x 8 x 10 = 320	농산물 재배 : 7~8 x 8~9 x 7~10= 392~720	15억 원

초등학교 교장 30년 (연봉 1억 원)	6 x 5 x 6 = 180	학교 운영 : 5~6 x 6~7 x 6~7 = 180~294	30억 원
자수성가 기업주 (주식상장으로 잭팟)	10 x 10 x 10 = 1000	제품 출시 : 2~7 x 2~7 x 7~10 = 28~490	2조 원

(항목별 1(가장 쉬움/작음/적음/좁음)~10(가장 어려움/큼/많음/넓음)으로 평점 부여)

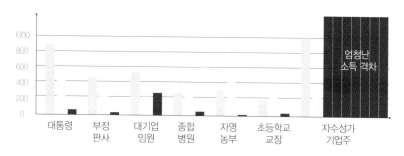

초고소득은 주식 상장으로/고소득은 기업 경영으로

　이제 우리의 수고, 노동, 근로가 그리고 이를 통한 사회적 기여가 우리의 소득에 어떤 영향을 미치는지를 알아보고자 한다. 대통령, 부장판사, 대기업 임원, 종합병원 전문의, 자영 농부, 초등학교 교장 그리고 자수성가 기업주를 비교해 보았다. 실제로는 일어날 수 없는 일이지만 편의를 위해 모두 같은 직종에서 매년 같은 소득을 올리면서 30년 종사한다고 가정하고 계산했다.

　수고의 정도는 그 직종에 들어가기가 얼마나 힘든지를 나타내는 진입 장벽, 업무의 강도를 나타내는 근로 강도. 그리고 근로시간을 각각 1~10까지의 수치로 매겨서 이를 모두 곱한 값으로 나타냈다. 사회적 기여도는 그 업무가 얼마나 필요한 일인지에 대한 평가인 필수성과 그 업무로 인해 얼마의 사회에 수혜가 발생하는지에 대한 평가인 사회적 수혜성, 그리고 그 일 자체를 얼마나 가치 있게 수행했는지에 대한 평가인 상품성을 역시 각각 1~10까지의 수치로 매겨서 이를 모두 곱한 값으로 산출했다.

수고의 정도와 사회적 기여도의 산출 방법에 이의가 있으면 다른 방법으로 얼마든지 시도해 보길 바란다. 원하는 항목을 넣고, 원하지 않는 항목을 빼고, 원하는 산출 방식으로 얼마든지. 어떻게 하든지 경향은 대동소이할 것이다. 항목별로 매긴 수치도 바꾸어도 좋다. 이 역시 어떻게 판단하든지 그 경향은 비슷하게 될 것이다. 소득은 오히려 명백하다. 30년 근무라는 이상한 가정이 있기는 하지만.

결과를 비교해 보자. 누가 가장 많이 수고를 했는가? 자수성가 기업주와 대통령이 가장 고된 직업일 것이다. 누가 가장 많이 사회적 기여를 했는가? 대통령과 농부일 것이다. 그렇다면 누가 가장 많은 소득을 올렸는가? 아래의 그래프를 보자. 소득을 나타내는 부분이 너무도 불평등하다는 것을 누구나 쉽게 인지할 수 있다. 자수성가 기업주의 소득을 나타내는 두꺼운 막대를 보라. 기업을 상장시켜서 잭팟을 터뜨린 경우에 2조 원이라는 가치로 가정한 것이지만, 2조 원이라는 금액을 표기하기에는 그래프가 그려지지 않기에 오른쪽으로 막대를 중첩해서 두껍게 표현하고 있다. '초(超) 고소득'을 올리려면 자본주의에서는 기업을 키워서 주식 상장을 하거나 아니면 최소한 기업을 운영해야 할 것이다. 자본주의는 돈을 다루는 일만을 심하게 편애하는 것 같다.

자본주의 양극화 문제 제기에 대한 답으로 가장 많이 듣게 되는 것이 기회의 불평등이다. 결정적인 대답은 회피하지만, 이것만은 인정하는 것 같다.

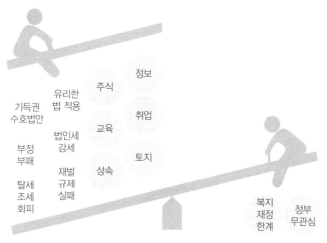

정부의 역할 한계 및
양극화 해소 의지 부족

일반인들은 가진 자에 비해 모든 조건이 불리하다. 교육도, 취업도, 정보도, 상속도, 주식도, 부동산도. 여기에 부자들은 법인세 인하, 재벌 규제 완화, 기득권 수호 법안들까지도 모두 유리한 조건을 부여받는다. 부정부패, 탈세, 유리한 법 적용은 부자들에게 그저 덤일 뿐이다.

정부 역할의 한계도 서민들에게는 한스러울 뿐이다. 복지 재성도 부족한데 양극화 해소 의지마저도 부족하니, 서민들이 좀 더 잘사는 길은 아예 없다고 보는 것이 맞을지도 모른다.

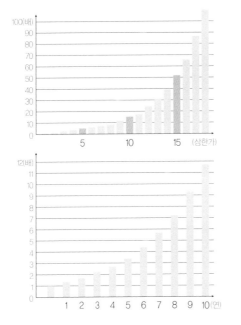

주식은 막대한 수익 창출
혹은 손실이 발생 가능한
투기적 제도

하루 등락폭 30%,
18번 상한가
→ 원금의 100배 이상

대출은 점점 더 깊어지는
빠져 나오기 힘든 늪

연 대출 금리 27.9%,
이자도 빚으로 축적
→ 10년이면 빚이
　　원금의 11배 이상

　여기서는 주식을 다시 한번 살펴보자. 그리고 대출도 살펴보자. 주식과
대출이 양극화에 어떤 영향을 미치는지 눈으로 확인해 보기 위해서다.
　주식의 수익이 어떻게 변하는지 비정상적인 가정을 통해 그래프를 그
렸다. 하루 등락 제한폭인 30%를 상승하는 상한가를 계속 기록하는
경우이다. 딱 18번만 상한가를 맞으면 원금의 100배를 넘게 된다. 1억
원을 투자했다고 하면 100억이 되는 것이고, 100억 원을 투자했다면 1
조 원이 되는 것이다. 물론 이런 일은 거의 일어나지는 않겠지만, 전혀
불가능한 것도 아니다. 증시는 막대한 수익 창출과 혹은 막대한 손실
을 가능하게 하는 투기적 제도라는 것이 명백하다.

대출의 부담이 얼마나 증가하는지를 나타내는 그래프도 살펴보자. 연 대출금리 27.9%라는 법정 최고 금리를 적용해 보았다. 갚아야 할 금액이 10년이면 원금의 11배 이상으로 불어나는 것을 볼 수 있다. 이 가정은 주식의 그래프보다는 좀 더 현실적이다. 대출은 한번 발을 담그면 점점 더 깊어져서 빠져나오기 힘들어지는 헤어날 수 없는 늪이다.

차이의 심화(대물림) 구조

정년 보장 요구
임금 인상 요구
초과 이익 공유 요구

·최저 임금으로 근근이 생활
·비정규직 차별에 시달림
·고용 불안에 시달림

·부동산 투자 활동
·주식 투자 활동
·자녀 교육에 올인

·대출의 늪에 점차 깊이 빠짐
·신용 불량의 늪에 빠짐
·초기 자본 부재 극복 못함

·기업 활동 규제 완화 요구
·신자유주의 경제 정책 요구
·정치권 관계 모색

·노숙자 생활
·신용 불량자 전락
·개인 파산 선고자

·법인세 인하 요구
·상속세 회피
·준조세 폐지 요구

신용도 하락 시 더 높은 이자 지출
→ 빚이 더 많은 빚으로
채무 상환과 생활비의 합이 소득보다 많음

투자 수익 → 잉여가 더 많은 잉여로
축적된 부를 통해 얻는 수익이 소득보다 많음

양쪽으로 차이가 점점 더 벌어지는 구조
→ 사회 복지 정책으로 해결 안됨

우리가 살고 있는 자본주의의 본질을 나타내는 그림이다. 볼록한 큰 반원 위에 작은 공들이 있다. 작은 공들이 그 자리에 계속 있기가 힘들다. 자꾸만 한쪽으로 구르려 하기 때문이다. 부족한 자들의 공은 더 없어지는 쪽으로, 가진 자들의 공은 더 생기는 쪽으로 구르려 한다.

빚은 더 많은 빚을 부르고, 잉여는 더 많은 잉여를 낳는 것이 현실이다. 이를 극복하기에는 현실의 벽이 너무 높고 험하다. 극복하기 쉽다면 가난한 사람들이 줄어들 것이다. 하지만 주변을 보자. 오히려 늘고 있을 뿐이다. 우리의 경제 체계는 볼록한 면을 갖는 반원이 아닌 오목한 면을 갖는 반원이 되어야 할 것이다. 가난한 자들이 줄어들고 부자들도 줄어들게 만드는 그런 체계로.

03

{
자본주의의
본질과 대안
}

자본주의의 폐해

　자본주의로 야기되는 폐해를 살펴보자. 성공지상주의와 부정부패, 국가 이기주의와 대량생산의 폐해가 있다. 경쟁주의, 속도주의, 이기주의와 인간성 상실은 모두 성공 지상주의에서 기인한다. 편리한 부정부패의 수단이 존재한다는 것과 부정부패 이익에 대한 환수가 어렵다는 것이 더 많은 부정부패를 조장하고 있다. 국가 이기주의는 무역 분쟁과 국가 지상주의를 불러오고 전쟁의 위협도 증가시키고 있어서 세계 평화의 길을 외면하게 만들고 있다. 대량 생산으로 인간의 존엄성도 상실되고 있으며, 지구 생태계의 양극화는 자연의 반발을 불러일으킬 것이다. 자세한 사항은 다음 페이지의 네모 상자 안의 내용을 참조하자.

성공지상주의

∘∘∘∘

· 경쟁주의 : 1등만이 살아 남기에
치열한 경쟁의 늪에서 다른
사람을 이겨야만 되는 사회
· 속도주의 : 선점을 위해 필요
이상의 노력이 요구되며
일에 쫓김
· 이기주의/인간성 상실 :
물질 추구의 몰두로 인간애
넘치는 사람다운 삶이나
정신적인 삶의 추구는 요원해 짐.

부정 부패

∘∘∘∘

· 편리한 부정 부패 수단 존재 :
현금, 귀금속, 외환, 수표, 어음,
양도성 예금증서, 채권, 주식,
토지, 건물 등을 이용한 청탁,
뇌물, 이권 개입 용이
· 부정 부패 이익에 대한 환수의
어려움 : 각종 자금 세탁 방법,
해외 비밀 계좌, 페이퍼 컴퍼니
통한 국외 은닉 등 → 권력자,
기득권 자의 부정부패 유혹 노출

국가 이기주의

∘∘∘∘

· 무역 전쟁 : 무역수지 흑자를
위해 총력전 (경제 협정 체결,
외교전, 경제 보복 등)
· 국가 지상주의 : 국익을 위해서
라면 사실 왜곡, 역사 왜곡도
서슴지 않음
· 전쟁 위험 상존 : 무기 개발 또는
증강 경쟁/국익을 위해 테러,
국지전, 전면전도 불사/세계
평화 위협

대량 생산의 폐해

∘∘∘∘

· 인간 존엄성 상실 : 인간을 노동
기계로 취급함/대량 생산된
물건을 소비하는 인간 (옥수수
생산량이 늘자 각종 옥수수 가공품을
소비하도록 유도)
· 지구 생태계 양극화 : 인간, 가축
(소/돼지/닭…), 식용작물(쌀/밀/콩/
옥수수…)의 개체수 급증/자연
환경 파괴의 피해 동식물은
개체 수 급감 또는 멸종

자본주의의 본질

이제껏 살펴본 것을 종합해 보면 자본주의의 본질을 다음과 같이 정
리할 수 있다.

수고한 대가의 누수	· 통화/채권 발행 시 보유 자산 축소 효과 · 가치 생산 불성실자와 수고 대가 나눔 · 지하경제가 납세 부담을 가중시킴 · 주식의 초(超) 고평가로 자산 축소 효과
후대에게 무거운 짐 전가	· 시간이 지날수록 불어나는 천문학적 부채의 폭탄을 전가 · 연금 재정의 파탄과 복지 재정의 부담을 전가 · 지구 생태계와 환경 파괴의 피해 전가
지속 불가능 체제	· 부채 급증이 국가 재정 파탄 위기 초래 · 계층 간 간극 심화 및 중산층 몰락으로 생산 계층 부재 초래 · 인간의 먹거리 생태계 파괴와 거주 가능 지역의 축소 심화
정신과 인간성 실종	· 치열한 경쟁에서 승리해서 출세와 성공만을 위해 매진 · 노동 기계와 소비의 도구로 전락한 인간 · 황금만능주의로 인간성과 정신 황폐화

먼저 우리가 수고한 대가가 합법적으로 누수되는 경제 체계다. 통화와 채권 발행자에게 우리의 재산이 새어 나가고, 가치 생산 불성실자에게 우리의 열매를 나누어야 하며, 지하경제 운영자가 탈세한 만큼 우리가 더 세금을 내야 하고, 그리고 주식마저 증시에서 '초고평가'를 받게 되니 이것도 성실한 근로자의 재산이 누수되는 것이다.

우리는 후손에게 무거운 짐을 전기하고 있다. 아니 무서운 짐이라고 해야 할 것이다. 엄청난 부채의 짐, 연금 재정 파탄의 짐, 지구 생태계 파괴와 오염의 짐을 넘기고 있다.

자본주의는 지속 불가능한 체제이다. 부채 증가로 언젠가 국가 재정 파탄이라는 폭탄이 터지게 될 것이다. 양극화로 생산 계층이 무너질 것이다. 우리의 먹거리도 거주 가능 지역도 날로 축소될 것이다.

인간 정신과 인간성 실종은 우리 삶의 의미를 잃어버리게 한다. 우리는 출세 기계도, 성공 기계도, 노동 기계도, 소비 기계도, 그리고 출산 기계도 아니다. 황금만능주의가 인간으로 태어난 우리를 기계로 만들고 있다.

자본주의 미래

자본주의의 미래를 예측해 보자.

먼저 양극화의 폐해가 나타날 것이다. 사회적 불만 계층이 양산되고 확대될 것이다. 취업 거부와 노동 거부를 거쳐서 반정부 활동과 반체제 활동이 증대될 것이다. 자본-생산-분배-투자의 순환이 깨지며, 이내 생산의 원동력을 상실할 것이다.

두 번째로 극심한 물가 상승이 예상된다. 물가 상승의 극대화로 화폐 및 기축 통화의 기능이 상실될 것이다. 대안 화폐의 필요성이 대두되며, 자본 순환의 혈액이 멈추게 될 것이다.

세 번째로 지구 환경 황폐화가 예상된다. 유전자 조작 식품류의 폐해로 미래의 먹거리 생산이 축소될 것이고, 방사성 물질의 폐해로 인간의 거주 가능 지역이 축소될 것이다. 따라서 종국에는 지속적인 생존이 가능한 생태 환경을 상실하게 될 것이다.

마지막으로 전쟁이라는 상상하고 싶지 않은 시나리오가 예상된다. 이기주의 및 성공 지상주의의 만연으로 우리 인간은 부정부패와 불법의 길을 필연적으로 선택하게 될 것이다. 국가 이기주의가 충돌하게 되며, 전쟁을 통한 자본 흐름의 원동력 부활을 획책하게 될 것이다.

양극화의 폐해	· 사회적 불만 계층 양산 및 확대 · 취업거부/노동거부/반정부 활동/반 체제 활동 증가 · 자본–생산–분배–투자의 순환 깨짐 · 생산 원동력 상실
극심한 물가상승	· 물가 상승의 극대화 · 화폐 및 기축 통화의 기능 상실 · 대안 화폐의 필요성 대두 · 자본 순환의 혈액 멈춤
지구환경 황폐화	· 미래의 먹거리 생산 축소 : 유전자 조작의 식품류의 폐해 · 인간의 거주 가능 지역 축소 : 방사성 물질의 폐해 · 지속적 생존 가능한 생태 환경 상실
전쟁의 시나리오	· 이기주의 및 성공지상주의의 만연 · 부정 부패와 불법의 필연적인 선택 · 국가 이기주의의 충돌 → 전쟁을 통한 자본 흐름의 　원동력 부활 획책

자본주의의 대안

그렇다면 자본의의 대안은 어떤 모습이어야 할까?

사회적 가치의 반영	· 생산되는 모든 재화와 서비스의 가격에 사회적 가치가 반영되는 구조 · 사회적 유익이 생산자의 유익이 되고, 사회적 손실이 생산자의 손실이 되는 구조
지속 가능한 안정성	· 부정/부패/불법이 원천적으로 불가능한 구조 · 일확천금의 기회는 존재하지 않고 일한 만큼 보상받는 구조 · 부와 가난은 대물림이 안 되며 사회 안전망을 잘 갖춘 구조
친환경 친자연 추구	· 친환경 기여가 생산자에게 이익이 되며, 환경 파괴가 손실에 반영되는 구조 · 원자력 발전, 유전자 조작 식품 등을 통한 생태계 질서 파괴 행위가 자연스럽게 퇴출되는 구조
상생과 인간성 회복	· 많은 것을 소유할수록 어려운 이웃에게 베풀고 도움을 주게 되는 구조 · 쫓기고 경쟁하는 삶이 아닌 여유를 가지며, 물질만이 아닌 정신 세계의 추구가 보편화된 세상

먼저 사회적 가치를 소득에 반영하는 경제 체제가 되어야 한다. 생산되는 모든 재화와 서비스의 가격에 사회적 가치가 반영되는 구조로 만들어야 한다. 사회적 유익이 생산자의 유익이 되고, 사회적 손실이 생산자의 손실이 되는 구조가 되어야 한다.

두 번째로 지속 가능한 안정성을 갖춘 경제 체계이어야 한다. 부정부패, 불법이 원천적으로 불가능한 구조가 되어야 한다. 일확천금의 기회는 존재하지 않고 일한 만큼 그대로 보상받는 구조이어야 한다. 부와 가난은 대물림이 안 되며, 사회 안전망을 잘 갖춘 구조라야 한다.

세 번째로 친환경과 친자연을 추구하는 경제 체계이어야 한다. 친환경 기여가 생산자에게 이익이 되며, 환경 파괴가 손실에 반영되는 구조여야 한다. 원자력 발전, 유전자 조작 식품 등을 통한 생태계 질서 파괴 행위가 자연스럽게 퇴출되는 구조여야 한다.

네 번째로 상생과 인간성 회복이 이루어지는 경제 체계라야 한다. 많은 것을 소유할수록 어려운 이웃에게 베풀고 도움을 주게 되는 구조여야 한다. 쫓기고 경쟁하는 삶이 아닌 여유를 가지며, 물질만이 아닌 정신세계의 추구가 보편화된 세상이 되어야 한다.

다음 장부터 설명하는 가치주의가 이러한 대안이 될 수 있는지 주의 깊게 살펴보길 바란다. 우리에게는 시간이 그리 많이 남아 있지 않다.

가치주의는 자본주의의 대안으로서 세상에 나왔지만 열심히 궁리해서 만들어 낸 것이 아니다. 그저 자연의 순리를 따르려다 보니 드러난 것이고 전혀 새로운 것은 아니다. 원래 그렇게 되어야 할 것이지만 이제서야 나온 것일 뿐이다. 익숙지 않은 용어들이 등장하지만 곰곰이 생각해보면 자연스럽고 뻔한 이야기들이다. 자본주의라는 색안경을 벗고 읽어보자.

CHAPTER
02

가치주의란?

01

{ 합리적 수고와
합리적 대가 }

성장과 분배 → 수고와 대가

자본주의에서는 끝없는 논쟁거리가 있다. 성장이 우선이냐 분배가 우선이냐는 해묵은 논쟁이다. 성장 우선주의자들은 성장을 통해 낙수 효과로 가난한 자들까지 그 혜택이 돌아간다고 강조한다. 경제성장률, 양적 완화, 경기부양책, 일자리 창출은 이들이 내세우는 단어들이다.

반면에 분배 우선주의자들은 합리적인 분배를 통해서 지속적인 성장의 동력을 얻을 수 있다고 말한다. 생산과 소비의 주체인 일반 국민들에게 더 많은 분배가 이루어져야 생산 활동과 소비가 활성화되어서 경제가 나아진다는 설명이다. 사회복지, 최저임금, 조세평등, 양극화 해소, 기본소득제는 이들이 내세우는 단어들이다.

하지만 성장과 분배가 균형을 이루는 완벽한 자본주의는 여태껏 등장하지 않았다. 분배를 우선시해서 복지를 강조하면 경제 자체가 정체되거나 퇴보하게 되고, 성장을 강조하면 양극화라는 모순을 피할 수 없다. 그래서 성장과 분배를 동시에 이룬다는 것은 자본주의에서는 영원히 불가능한 일인지도 모른다.

이제부터 설명하려는 가치주의에서는 성장이라는 말도 분배라는 말도 더 이상 필요하지 않다. 합리적인 수고와 합리적인 대가만을 이야기한다. 누구나 합리적인 수고를 하면 합리적인 대가를 받게 된다는 뜻이고, 이것이 인간 사회 전체의 삶의 질 향상을 가져온다는 것이다. 왜 그런지 좀 더 자세히 알아보자.

자본주의		
성장 ⟺	분배	일반 계층으로 노동 집중 특권 계층으로 부와 권력 집중
성장우선주의 경제 성장률 양적 완화 경기부양책 일자리 창출	분배우선주의 사회복지정책 최저임금제 조세평등주의 양극화 해소	특권 계층의 기득권 세습 일반 계층의 삶의 질 피폐

가치주의	
합리적 수고는? 합리적 대가는?	합리적 수고와 합리적 대가를 통한 인간 사회 전체의 삶의 질 향상

수고의 분류

			자본주의 소득	사회적 가치
1	합리적 수고	합리적 생산으로 사회적 유익 창출	↑~↑↑↑	↑~↑↑↑
2	불필요한 수고	과잉 수고에 따른 잉여 생산	↑~↑↑	0~↑
3	낭비적 수고	허례허식/지나친 예술성 추구	↑~↑↑↑	0~↑↑
4	소모적 수고	경쟁에 의한 불필요 산물/결실 없음	0~↑	↓~0
5	가치 없는 수고	사회적 유익 창출과 무관 일/생산	↑~↑↑↑	↓↓~0
6	비합리적 수고	착취/비합리적 환경 일/생산	↑~↑↑↑	↓↓~↑
7	가치 손실 수고	사회적 가치 손실 일/생산	↑~↑↑↑	↓↓~↓
8	유해/위험한 수고	치명적 가치 손실 초래 일/생산	↑~↑↑↑	↓↓↓

이제 우리의 수고 중에서 합리적인 수고에 대해서 알아보자. 합리적인 수고 이외에 다른 여러 종류의 수고가 있다. 이에 대해서 그 분류를 알아보기로 하자.

합리적인 수고는 합리적 생산 활동으로 사회적 유익이 창출되는 것을 말한다. 즉, 일을 통해서 자본주의에서는 개인적인 소득도 얻을 수 있고 가치주의에서는 사회적인 가치도 창출되는 상태다. 불필요한 수고도 있다. 사회적으로 필요한 재화나 서비스를 만드는 것이지만 이미 충분한 공급이 이루어지고 있어서 과잉 수고로 과잉 생산하는 경우이다. 자본주의에서는 개인적인 소득이 어느 정도 발생하지만 가치주의에서는 사회적 가치 창출이 미미한 편으로 본다.

낭비적 수고도 있다. 허례허식적인 활동이나 굳이 필요하지 않은 영역에서 지나친 예술성을 추구하는 활동이다. 자본주의에서는 개인적인 소득이 발생하지만, 사회적 가치 창출은 그만큼은 발생하지 않는다. 소모적인 수고도 있다. 경쟁에 의한 불필요한 산물을 만들거나 혹은 결실이 없는 경우다. 자본주의에서는 이 경우에도 약간의 소득을 얻을 수도 있지만 가치주의에서는 오히려 미미한 사회적 손실로 보게 된다. 소모적 활동으로 사회적 가치 창출을 위한 활동이 그만큼 줄어든 까닭이다.

가치 없는 수고도 있다. 사회적 유익 창출과 무관한 일을 하는 경우다. 자본주의에서는 소득이 주어지지만, 가치주의에서는 사회적 가치의 손실로 본다. 이 역시 사회적 가치 창출에 기여 해야 할 사람들이 가치 창출이 없었으니 다른 사람들이 더 많은 수고를 해야 하기 때문이다. 비합리적 수고도 있다. 착취나 비합리적 작업 환경에서 일을 하는 경우이다. 자본주의에서의 소득은 발생하지만 가치주의에서는 사회적 가치 창출은 미미하다고 보거나 손실로 본다.

가치 손실 수고도 있다. 사회적 가치의 손실을 초래하는 일 또는 생산 활동인 경우다. 자본주의에서는 소득이 발생하지만 가치주의에서는 확실한 손실로 판단하게 된다. 유해하거나 위험한 수고도 있다. 치명적인 사회적 가치 손실을 초래하는 일 또는 생산 활동인 경우다. 자본주의에서는 역시 소득이 발생하지만 가치주의에서는 심각한 사회적 가치 손실로 본다.

수고의 효율성

1	합리적 수고	• 잉여 상품 생산	2
2	불필요한 수고	• 사회적 유해 상품 생산 : GMO…	7, 8
3	낭비적 수고	• 버려지거나 낭비되는 상품 생산	2
		• 기술경쟁 / 회피기술 / 특허전쟁	4
4	소모적 수고	• 과도한 예술적 요소나 유행 추구	3
5	가치 없는 수고	• 경쟁적 회사 경영 : 투자, 광고…	1, 4
		• 불필요하거나 잘못된 정보생산	5, 7
		• 과도한 의료행위 및 약물 오남용	7, 8
6	비합리적 수고	• 허례허식 / 유흥 / 다이어트	3, 5
7	가치 손실 수고	• 유해 작업 환경 / 노동 착취	6
		• 법/정치/행정/국방의 모순/비리	7
8	유해/위험한 수고	• 불필요한 교육/자기개발	5
		• 금융업 및 금융/투기/투자 활동	5, 7

가치주의 수고의 효율성

· 수고의 효율성 (%) = $\dfrac{1}{1 + 2 + \cdots 8}$ × 100

· 수고의 합리적 평가　　높은 효율성 추구　　적절한 수고의 총량

이번에는 수고의 분류에 대한 사례를 살펴보자. 먼저 잉여 상품을 생산하는 경우는 불필요한 수고에 해당한다. 사회적 유해 상품인 GMO 식품을 생산하는 경우는 가치 손실 수고나 유해한 수고에 해당한다. 버려지거나 낭비되는 상품 생산은 불필요한 수고라고 보며, 기술경쟁 활동이나, 회피 기술 개발, 특허 전쟁 활동은 소모적 수고에 해당한다.

과도한 예술적 요소나 유행 추구는 낭비적 수고에 해당하고, 투자나

광고를 통한 경쟁적 회사 경영은 때로는 합리적 수고일 수도 있고 때로는 소모적 수고일 수도 있다. 불필요하거나 잘못된 정보 생산은 가치 없는 수고나 가치 손실 수고에 해당한다. 과도한 의료 행위나 약물 오남용은 가치 손실 수고 또는 유해나 위험한 수고에 해당한다.

허례허식이나 유흥 또는 다이어트 활동은 낭비적 수고나 가치 없는 수고에 해당한다. 유해 환경에서의 작업이나 노동 착취는 비합리적 수고에 해당한다. 법, 정치, 행정, 국방에서의 모순이나 비리 활동은 가치 손실 수고에 해당하고, 불필요한 교육 및 자기 개발은 가치 없는 수고에 해당한다. 금융업이나 금융 투자는 보통은 가치 없는 수고에 해당하며, 때로는 가치 손실 수고에 해당한다. 이는 금융 활동이 사회적 가치 창출에 전혀 기여한 바가 없고, 가치 창출 활동이 없는 만큼 다른 사람들이 더 많은 합리적인 수고를 해야 하기 때문이다.

가치주의에서는 수고의 효율성을 산출한다. 이는 전체 수고 중에서 합리적 수고가 차지하는 비율을 말한다. 수고의 효율성이 100%라면 모든 수고가 합리적인 수고일 때이다. 0%라면 합리적 수고가 전혀 없는 경우이다. 가치주의에서는 수고의 합리적 평가를 통해서 합리적 수고를 유도한다. 모든 사람이 합리적 수고만을 한다면 우리는 좀 더 적게 일해도 된다. 그렇게 해도 우리 모두가 나누어 쓸 수 있는 동일한 수준의 사회적 가치가 발생하기 때문이다.

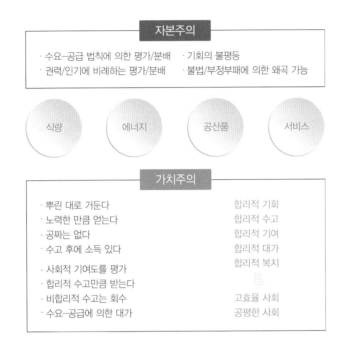

우리는 우리가 한 일을 평가받고 이에 대한 소득을 얻게 된다. 우리가 생산하는 것은 식량, 에너지, 공산품, 서비스이며, 우리의 소득으로 우리가 필요한 것을 다시 구매하게 된다. 자본주의에서의 노동의 평가와 이에 대한 분배인 소득이 수요-공급의 법칙을 따르게 된다. 그리고 종종 권력이나 인기가 있는 사람들에게 좋은 평가와 소득을 빼앗긴다. 때로는 기회의 불평등으로, 때로는 불법 또는 부정부패에 의한 왜곡으로 우리의 소득이 줄어들기도 한다.

가치주의에서의 평가와 대가는 자연의 원리를 그대로 따르게 된다.

"뿌린 대로 거둔다, 노력한 만큼 얻는다, 공짜는 없다, 수고 후에 소득 있다."이다. 우리의 수고에 대한 평가는 사회적 기여도를 보는 것이다. 합리적 수고는 그대로 대가로 돌려받게 되며, 비합리적 수고는 오히려 보유하던 가치를 빼앗기기도 한다. 그리고 수요–공급의 법칙은 가치주의에서도 여전히 유효하다.

가치주의는 합리적 기회가 주어지고, 합리적 수고가 이루어 지면, 합리적 기여가 발생하게 되고, 합리적 대가를 지불받으며, 이것이 합리적 복지를 이루게 되어서 고효율인 사회가 되며, 공평한 사회가 이루어지도록 하는 것이다.

가치의 의미와 산정

가치 발생의 원리

가치 발생의 원리를 알아보자. 우리 인간은 다음과 같은 욕구가 있다고 밝혀져 있다. 생리적 욕구, 안전 욕구, 소속이나 애정 욕구, 존중 욕구, 그리고 인격 성장이나 자아실현 욕구다. 생리적 욕구는 의식주, 건강, 편리라는 것을 추구하게 되고, 안전 욕구는 치안이나 평화를 추구하게 되며, 소속이나 애정 욕구는 가정, 사랑, 자연을 추구하게 된다. 존중 욕구는 명예, 봉사, 문화를 추구하게 되고, 자아실현 욕구는 지식, 수양, 사명을 추구하게 된다.

이들 각각의 항목들은 실질적으로는 우리 인간이 지금의 시대를 살아가면서 꼭 필요로 하는 항목들로 표현되어서 나타나며, 다음과 같이 좀 더 상세하게 분류된다. 식료품, 의류, 주택, 상하수도, 기간시설, 에너지, 교통, 공산품, 의료, 건강, 약품, 치안, 국방, 법률, 행정, 외무, 환경, 문화, 체육, 예술, 정보, 교육, 학문, 복지, 종교 등등.

우리는 이러한 필요성을 채우기 위해 수고하게 되며, 그 결과로 식량, 에너지, 공산품, 서비스로 분류되는 것을 생산하게 된다. 이것이 곧 사회적 가치가 발생하는 것을 의미한다. 우리는 이렇게 생산된 사회적 가치를 나누어서 사용하며 함께 살아가는 것이다.

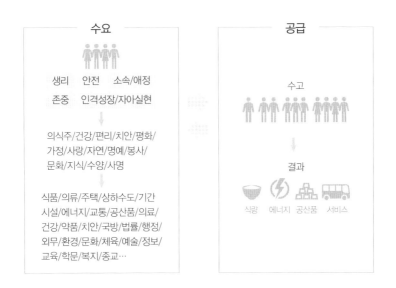

가치의 의미와 가치 산정

이제 가치의 의미와 가치 산정에 대해서 알아보기로 하자. 여기서는 개략적으로만 설명하고자 한다. 보다 자세한 설명은 가치주의 세 번째 서적에서 심도 있게 다루게 될 것이다.

::::: 가치 창출 : 사회에 유익을 주는 재화 생산/서비스 제공 활동

창출가치 = 효용가치 − 소모가치
· **효용가치** = f (α필수성, β상품성, γ수혜성)
· **소모가치** = f (다른 가치 소모, 다른 가치 훼손, 위험도, 난이도, 숙련도, 기피도, 피로도)
· **권장공급가치** = 효용가치 + 소모가치

　어떤 상품의 가치를 설명하고자 할 때 얼마나 쓸모가 있는 상품인가 하는 점을 효용가치라고 부른다. 이 효용가치는 단지 수요가 많다고 높은 것이 아니며, 또 다른 몇 가지 항목으로 표현된다. 이 상품이 필수적으로 필요한가를 나타내는 항목이 필수성이다. 그 상품 자체가 가지는 고유한 가치를 나타내는 것이 상품성이다. 상품 자체가 가지는 품질이기도 하고 상품 자체가 가지는 희귀성이기도 하며 공급자만의 고유한 기술과 정성이기도 하다. 또 다른 항목은 수혜성으로 상품성이 지속하는 시간을 나타내는 수혜 시간과 혜택을 받을 만한 수요의 범위인 수혜 범위를 포함하는 내용이다. 따라서 효용성이라는 가치의 표현은 수요와 필수성 그리고 상품성과 수혜성, 이 네 가지 항목으로 계산될 수 있다.

　상품을 생산하다 보면 필연적으로 소모되는 가치가 있다. 이것을 소모가치라고 부르며 몇 가지 항목으로 표현된다. 원료나 재료가 소모되면 이것 자체가 가치이며 이 가치가 소모되는 것이기에 이 항목을 다른 가치 소모라고 한다. 재료 또는 원료를 가공하거나 다루다가 다른 무엇인가가 필연적으로 희생된다면 이것은 다른 가치를 훼손한 것이기에

이 항목을 다른 가치 훼손이라고 한다. 이 훼손되는 것이 보통 자연인 경우가 많고 공해가 발생한다든가 오염 물질이 배출된다든가 이런 형태가 일반적이다.

　그 상품을 생산하는 과정이 위험한 일일 수도 있다. 따라서 위험도도 이 항목에 들어가야 한다. 어떤 상품은 생산하는 과정이 상당히 어려운 때도 있다. 아무래도 생산이 쉬운 것 보다는 어려운 경우가 인력이라든가 장비 등에서 소모되는 가치가 높다고 봐야 할 것이다. 따라서 난이도도 포함된다. 어떤 상품은 생산자의 상당한 숙련도를 필요로 하는 때도 있다. 이 또한 인력 수급 등으로 소모되는 가치가 크므로 숙련도 항목도 포함된다. 어떤 상품은 생산자가 작업을 꺼리는 경우가 있다. 또 어떤 상품은 생산자가 쉽게 피로를 느끼기도 한다. 따라서 기피도와 피로도도 소모가치 항목에 포함된다. 그래서 어떤 상품을 생산하기 위해 소모되는 가치인 소모가치는 다른 가치 소모, 다른 가치 훼손, 위험도, 난이도, 숙련도, 기피도, 피로도가 고려되어서 산출된다.

　이제 생산자가 생산한 상품의 가치를 나타낼 수 있다. 그것은 효용가치에서 소모가치를 빼면 되며, 이를 창출가치라고 부른다. 이 창출 가치는 실제로 생산자의 노력으로 만들어낸 가치이며 효용가치보다 소모가치가 더 크다면 그러한 상품은 만들 의미가 없다는 뜻이다. 소모가치의 인자 중에 다른 가치 훼손은 상품의 생산자에게는 전혀 손해가 아닌 경우가 대부분이다. 이것까지 고려해서 실제로 생산자의 관점에서 소모가치는 다른 가치 훼손 항목이 제외된다. 그리고 생산자가 공급하게 되는 권장공급가치는 효용가치에서 소모가치를 더하게 된다.

　이런 정도로는 실제의 가치 산정에 쓰이기에는 정보가 턱없이 부족하다. 사회적 유익에 대한 정보도 가치 산정에 반영되어야 한다. 필수성,

상품성 이외에도 예술적, 학술적, 정신적 속성을 포함해서 다양한 가치적 관점의 속성들도 가치 산정에 반영되어야 한다. 모든 가치의 기준이 되는 절대가치도 합리적으로 정해야 한다. 하지만 이 책에서는 여기까지만 언급하고자 한다. 가치 산정 원리 및 적용에 대한 좀 더 자세한 내용은 가치주의 세 번째 서적에서 다루게 될 것이다. 제대로 하려면 몇 권의 책으로도 부족할 것이다.

03

{ 가치주의 화폐들 }

가치주의 화폐 (가상가치 : 물질화폐)

가치주의에서는 두 종류의 화폐가 통용된다. 재화나 서비스를 구매하고자 할 때는 가상가치를 사용한다. 가상가치는 말 그대로 가상의 화폐다. 유형의 화폐가 존재하지 않고 가상가치관리시스템상의 가상계좌에만 존재하는 화폐. 단지 가상화폐로서의 의미 말고도 가치를 부여받아서 이를 표현하고 있다는 점에서 일반적인 가상화폐와는 다르다. 가상가치는 재화나 서비스를 공급하고 이에 대한 사회적인 유익을 인정받은 가치를 부여받는 것으로서 다른 재화나 서비스를 구매할 때 사용한다.

다음의 그림을 보자. 공급하고자 하는 재화나 서비스를 가치산정시스템에서 권장공급가치를 부여받는다. 이를 바탕으로 공급자가 원하는 가치를 선정해서 가치거래시장에 재화나 서비스를 공급하면 이를 원하는 구매자가 시장에 나온 상품 중에서 권장가치와 공급가치 그리고 그

밖의 정보들을 참조해서 구매를 선택하게 된다. 구매가 체결되면 공급자는 거래된 가상가치를 가상가치관리시스템상의 가상계좌에 부여받는다.

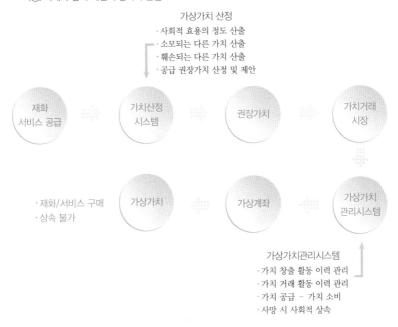

가상가치 : 공급한 재화/서비스의 사회적 유익을 인정받은 가치로서 다른 재화/서비스의 구매에 사용. 화폐와 달리 개인적 상속이 안됨

가상가치 산정
· 사회적 효용의 정도 산출
· 소모되는 다른 가치 산출
· 훼손되는 다른 가치 산출
· 공급 권장가치 산정 및 제안

재화 서비스 공급

가치산정 시스템

권장가치

가치거래 시장

· 재화/서비스 구매
· 상속 불가

가상가치

가상계좌

가상가치 관리시스템

가상가치관리시스템
· 가치 창출 활동 이력 관리
· 가치 거래 활동 이력 관리
· 가치 공급 - 가치 소비
· 사망 시 사회적 상속

권장공급가치의 산정은 앞서 설명한 대로 공급하고자 하는 재화나 서비스의 효용가치와 소모가치를 산출해서 자동적으로 계산한다. 가상가치관리시스템을 통해서 모든 국민의 가치 창출과 가치 거래 활동의 이력이 철저하게 관리된다. 공급한 가치의 총합에서 소비한 가치의 총합을 제하면 현재 이용할 수 있는 가상가치가 산출된다. 이 가상가

치는 개인이 사망 시 개인적인 상속이 되지 않으며, 사회적 상속의 개념으로 사회를 위한 세금으로 사용된다.

가상가치는 사회적 유익의 가치를 담고 있으며, 동시에 시장의 수요-공급의 원칙도 따르게 된다. 유형의 화폐가 아닌 만큼 부정부패의 수단으로 사용될 수 없고, 개인적인 수고와 노력 이외의 다른 방법으로는 얻을 수 없기 때문에 사회적 불평등이 최소화된다. 개인적 상속이 불가능하기에 부의 대물림도 원천적으로 불가능하다. 사회적 유익을 반영하기에 유익이 되지 않는 잘못된 행위들이 점진적으로 소멸하고 근절되는 효과도 발휘된다.

가치주의 화폐 (홍익지수 : 정신화폐)

가치주의에서 두 번째 화폐는 홍익지수다. 이것 역시 가상에만 존재하는 화폐다. 홍익지수는 재화나 서비스를 직접적으로 구매할 때에는 사용하지는 못한다. 사회적 가치는 발생시켰으나 물질을 통해서 발생시킨 가치가 아니므로 물질적인 가치를 부여받는 것은 아니기 때문이다. 홍익지수는 널리 세상을 이롭게 한 기여도를 산술적으로 표현한 지수다. 이에 대한 자세한 사례는 이어지는 내용인 긍정홍익지수, 부정홍익지수에서 볼 수 있다.

홍익행위가 발생해서 긍정적 효과가 일어나면 홍익발굴단에서 조사하는 과정을 거치고 홍익지수를 평가해서 발행하게 된다. 발행된 홍익지수에 대한 이의가 발생하면 홍익재판소에서 판정하는 과정을 거치게 된다. 이 홍익지수는 인격지수이며 명예지수다. 공직에 진출하고자 한다면 일정 수준 이상의 홍익지수를 보유하고 있어야 하며, 취업 시에도 홍익지수 보유의 혜택을 받을 수 있다. 따라서 재화나 서비스를 구매하는 물질 화폐는 아니지만, 정신 화폐로서 기능을 가진다.

홍익지수의 평가는 긍정적 동기부여의 정도, 행위자의 동기와 의도, 행위자의 손실이나 노력 정도, 그리고 사회적 긍정 효과의 범위 등을 고려해서 이루어진다. 홍익지수관리시스템을 통해 모든 국민의 홍익 활동의 이력이 철저하게 관리된다. 발행된 긍정홍익지수에서 부정홍익지수를 제하면 현재의 홍익지수를 알 수 있다. 홍익지수는 가상가치와 달리 개인적 상속이 이루어진다. 홍익등급별로 제한적으로 상속되며 자손에게도 명예를 물려줄 수 있다.

홍익지수 : 널리 세상을 이롭게 한 기여도를 산술적으로 표현한 지수

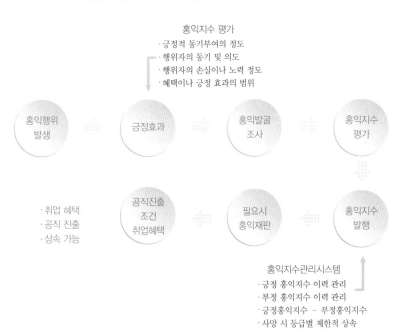

긍정홍익지수, 부정홍익지수

긍정 홍익지수 발행

· 애국적 헌신/희생/공훈 → 국가 발전에 기여
· 노벨평화상 등의 업적 → 인류를 위한 보편적 가치의 진작
· 재난/범죄 현장/긴급 상황에서의 헌신적 희생
· 사회적 약자를 위한 헌신적 도움 또는 봉사 활동
· 형편이 어려운 이웃을 위한 기부 및 구제 활동

부정 홍익지수 발행

· 매국 행위/쿠데타 등 → 국가/사회 안녕 위협
· 자연 훼손/유전자조작/병균유포 → 자연 질서 위협/파괴
· 음주 주정/기물 파손/고성 다툼/혐오 행위 → 타인 피해
· 쓰레기 투기/거리 흡연 → 포괄적 공익/질서 위반
· 민형사상 범죄 행위로 유죄 판결 선고

긍정홍익지수와 부정홍익지수에 대해서 알아보자. 먼저 긍정홍익지수는 대체로 다음과 같은 경우에 발행된다. 먼저 국가 발전에 기여한 경우다. 애국적인 헌신이나 희생 또는 공훈을 세웠을 때가 이에 해당한다. 안중근 의사나 윤봉길 의사의 의거가 대표적인 사례라고 할 수 있다. 인류의 보편적 가치 진작에 기여한 경우에도 홍익지수를 부여받는다. 노벨상 수상이 대표적인 사례다.

재난이나 범죄 현장 또는 긴급 상황에서 헌신적인 희생을 한 경우에도 홍익지수를 부여받는다. 사회적인 약자를 위한 헌신적인 도움이나 봉사 활동을 한 경우에도 홍익지수를 부여받는다. 형편이 어려운 이웃을 위한 기부 및 구제 활동의 경우에도 홍익지수를 부여받는다. 일반적으로 홍익활동을 위한 특별한 상황을 맞이하는 것이 어렵기 때문에 홍

익지수가 필요한 사람들이 기부나 구제 활동에 많이 나서게 된다.

부정홍익지수도 있다. 가정 먼저는 국가와 사회의 안녕을 위협하는 매국 행위나 쿠데타를 일으킨 경우다. 자연을 훼손하거나 유전자를 조작하거나 병균을 유포하는 등 자연 질서를 위협하고 파괴한 경우에도 부정홍익지수가 발행된다. 음주 후 주정이나 기물 파손 또는 고성 다툼 혹은 혐오 행위 등 타인에게 피해를 준 경우에도 부정홍익지수가 발행된다. 쓰레기 투기나 거리 흡연 등 포괄적 공익 질서 위반도 역시 부정홍익지수가 발행된다. 민형사상의 범죄행위로 유죄 판결을 선고받은 경우에도 부정홍익지수 발행을 피할 수 없다.

04

가치주의 사회

가치의 선순환

가상가치와 홍익지수가 순환해서 사회에서 어떤 순환이 일어나는지 알아보자. 먼저, 합리적인 기회가 누구에게나 주어져서 필요한 교육을 받을 수 있다. 이 교육을 바탕으로 직업을 얻어서 합리적인 수고를 하게 되면 재화나 서비스가 창출된다. 창출된 재화나 서비스를 가치산정을 통해서 합리적으로 평가받고, 가치거래를 통해서 합리적인 거래를 하게 되며, 합리적인 대가인 가상가치를 지불받게 된다.

여유가 있는 사람들은 가상가치를 기부하고 구제하는 데에 사용해서 홍익지수를 부여받게 된다. 이 덕분에 사회적 빈곤층에게도 자연스럽게 나눔이라는 합리적인 복지의 혜택이 돌아간다. 개인이 사망하게 되면 사회적 상속이 일어나며, 한 개인이 보유하던 가상가치를 거두어서 다시 사회의 필요한 곳에 사용하게 된다. 이는 다시 새로운 세대들에게 보편적으로 적용되는 합리적인 기회를 제공하게 하는 원천이 된다.

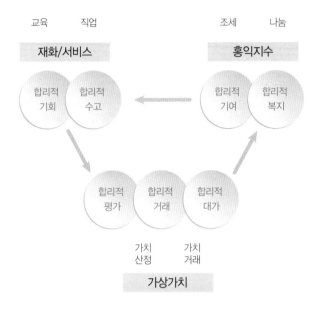

교육 　직업　　　　　　　조세 　나눔

재화/서비스　　　　　　　홍익지수

합리적 기회 　합리적 수고　　　　합리적 기여 　합리적 복지

합리적 평가 　합리적 거래 　합리적 대가

가치 산정 　가치 거래

가상가치

자본주의와 가치주의 비교

	자본주의	가치주의
물물교환	화폐/외국환/수표/어음/귀금속/신용	가상가치(홍익지수는 물물교환 불가)
소득 창출	근로소득/주식/외환/선물/부동산/상속/뇌물/부정부패/사기/도둑질/탈세…	근로소득
이자/대출/피해	있음(빚/보증/부도/뱅크런/신용불량…)	없음/신용불량자, 빚쟁이 없음
증권 (주식,채권)	있음(주식 발행으로 기업 자본 확보)	없음(자본가치 확보 후 창업)
금융 기관	은행/조폐공사/증권/대부/보험/…	가치평가소/홍익평가소
노후/재난 대비	예금/보험/계/토지나 건물임대/…	교육 후 일자리/각종 국가시스템
재산 상속	허용/상속세 납부/상속세 납부 회피	가상가치 불가/홍익지수 가능
토지 소유	토지 및 건물 소유 가능/거래 가능	토지 불가/건물 가능(세금 징수)

| 지적 재산권 | 배타적 재산권 인정(특허권/저작권) | 특허권→기술공용제/창작권은 인정 |
| 사회 생활 | 자본/속도/경쟁/불평등/개인 이력 무 | 가치/상생/가치 및 홍익활동 이력 |

위의 표를 보자. 자본주의에 대한 설명은 생략하고 가치주의만 설명하고자 한다. 물물교환은 가상가치로만 이루어진다. 홍익지수는 물물교환 용도로는 쓰이지 않는다. 가치주의에서 소득 창출의 방법은 오직 근로 소득밖에는 없다. 주식 거래도, 부동산 거래도, 외환 거래도, 상속도, 뇌물이나 부정부패도, 사기나 탈세도 원천적으로 불가능하다.

자본주의에서의 금융기관은 가치주의에서는 모두 사라진다. 대출이라는 제도가 없고 이자라는 개념 자체도 사라진다. 예금도 필요가 없고, 보험이라는 제도도 없어진다. 국가에서 사회적인 안전망을 잘 구축해서 보험이 굳이 필요하지도 않다. 토지 소유에 대해서는 따로 설명이 마련되어 있다. 토지는 공개념으로 바뀌고 따라서 소유는 불가능하다. 다만 건물에 대해서는 소유권은 인정한다.

가치주의에서는 특허권이 사라지고 기술공용제가 도입된다. 이에 대해서도 뒤에 자세한 설명이 나중에 나온다. 창작권 자체는 인정되고 권장된다. 가치주의에서는 가치를 추구하고 상생을 추구한다. 가치 활동 및 홍익 활동의 이력이 평생 동안 철저하게 관리되어서 삶의 모든 영역에서 영향을 주게 되며, 사후에도 영구적으로 보존된다.

가치주의의 실현은 경제 체계만을 바꾸는 것으로는 절대로 이루어지지 않는다. 사람들의 생각이 먼저 세상을 널리 이롭게 하는 것을 추구하고자 하는 마음을 가져야 할 것이다. 홍익 철학이 든든하게 뿌리내리고 홍익의 문화가 널리 확산되어야 한다. 이에 맞는 입법과 사법과 행정의 정치 체계도 마련되어야 한다. 이에 대해서도 뒤에서 설명할 것이다.

가치주의 산업을 열려면 이것의 바탕을 이루는 지식의 탐구가 선행되어야 한다. 어떠한 지식이 미래를 여는 지식인지도 뒤에 설명할 것이다. 이를 바탕으로 가치주의 산업의 체계도 갖추어야 하고 기업 운영도 바뀌어야 한다. 인재를 길러내는 교육이 바로 서야 가치주의 산업에 맞는 인재가 나올 것이다. 보건의 체계도 한참 손을 봐야 한다. 돈만을 벌기 위해 왜곡된 치료의 현실을 그냥 놔둘 수 없기 때문이다.

이러한 것들이 모두 갖추어지고 나서 가치주의 경제 체계의 기반이 마련되고 나면 가치주의를 시작할 수 있다. 물론 초반의 시행착오와 수많은 장애물은 응당 각오해야 할 것이다. 사람이 사람답게 사는 길을 열고 인류가 지속적으로 살아갈 수 있는 체계와 터전을 갖추어서 후손들에게 떳떳한 세상을 물려주려는 큰 뜻을 감히 무엇이 막아서겠는가!

합리적인 수고를 통해서 창출되는 재화와 서비스는 가치거래시장에서 어떻게 거래가 되고, 거래를 통해서 적립된 가상가치는 보안의 문제가 없이 어떻게 관리가 될까? 부동산의 개념은 어떻게 달라지고, 조세제도는 지금과 어떤 차이가 있을까? 가치주의에서 나라의 경제 운영은 어떻게 이루어질까? 가치주의 경제에 대해서 좀 더 자세히 들여다보자. 경제는 어려운 학문이 아니라 자연스런 삶의 흐름일 뿐이다.

CHAPTER 03

가치주의 경제

01

가치거래시장

가치거래시장

이제 가치거래시장에 대해서 알아보도록 하자.

가치거래시장은 여러 종류의 시장으로 나뉘어서 인간이 만들어내는 거의 모든 가치가 여기에서 거래가 된다고 보면 된다. 음식이나 의류, 주택 등 의식주와 관련된 재화나 서비스를 거래하는 시장, 에너지에 관련된 시장, 공산품이나 제조에 관련된 시장, 일반서비스에 관련된 시장, 국가 및 공공 업무에 관련된 시장, 문화나 예술에 관련된 시장, 그리고 교육이나 종교 등에 관련된 시장까지 이렇게 총 7개의 그룹으로 나뉘어져 있다. 이외에도 기부나 증여를 위한 시장과 외환 거래를 하는 시장도 있다.

재화나 서비스를 제공하는 공급자 또는 이를 구매하는 구매자는 개인, 단체, 기업, 국가 중 하나 또는 그 이상이 될 수 있다. 개인이나 단체는 제공할 수 있는 재화나 서비스를 등록해서 거래할 수 있다. 공급자는 공급가치를 가치거래시스템이나 가치평가소에서 제시하는 권장가치를 참조하여 등록한다. 소비자도 원하는 재화 또는 서비스의 거래에서 권장가치를 참조해서 공급가치를 확인한 후 자신의 계좌의 보유가치 한도 안에서 구매를 진행하게 된다. 자신의 가상계좌의 현황을 언제든지 열람할 수 있으며, 거래의 기록은 평생을 통해 소멸하지 않고 시스템에 영구히 기록되어 관리된다.

개인이나 단체가 재화를 생산해서 이를 공급하고 소비자가 이를 거래하는 경우에 대해서만 먼저 설명하고자 한다. 공급자는 재화를 생산

해서 이를 거래 품목에 해당하는 거래시장에 등록하게 된다. 등록 시에는 먼저 가치산정시스템을 거쳐서 권장가치를 부여받은 후에 이를 참조해서 거래가치를 입력하게 되며, 등록한 이후에도 거래가 이루어지지 않는 시점이라면 공급가치를 다시 조정할 수 있다. 소비자는 구매를 원하는 품목을 거래시장에서 조회해서 원하는 상품을 선택한 후 구매를 진행하면 거래가 이루어진다. 소비자가 상품을 구매할 때 이 상품에 대한 권장가치도 볼 수 있으며 다른 구매자의 상품평도 참조할 수 있다. 공급자의 이전 공급 이력 상에 공급한 상품에 대한 소비자 불만 사항이 있으면 이것도 거래 전에 확인할 수 있다.

소규모 사업자이며 오프라인으로 거래하는 경우라 하더라도 거래가 이루어지기 위해서는 가치거래시장에 상품등록을 해야 한다. 상품을 등록하는 방법은 매장에 갖추어진 가치거래 단말기를 이용하거나 소규모 사업자의 경우 스마트기기를 통해서도 쉽게 이루어진다. 오프라인 매장에서의 거래 절차는 소비자가 매장에 진열된 상품을 거래시장을 통해 상품 정보를 조회한 후 공급자에게 원하는 상품의 구매 의사를 밝힌다. 이후 공급자는 가치거래 단말기를 통해 상품을 선택하게 되고 구매자는 홍채인식과 지문 인식 등의 본인인증 과정을 거치게 된다.

가상가치관리시스템에서는 구매자의 가치 잔액을 확인해서 구매하고자 하는 상품보다 많은 가치를 보유하고 있는 경우 승인 정보를 보낸다. 이 승인 정보를 확인하면 거래 체결을 승인하고 공급자가 상품을 구매자에게 전달한다. 가치거래 단말기를 보유하지 않은 소규모 사업자의 경우 온라인의 경우처럼 구매자가 스마트기기를 통해서 거래 시장에 등록된 상품의 구매를 요청하면 본인인증 승인 절차 후 승인 명세가 공급자에게 전달된다. 이를 확인한 후 공급자는 구매자에게 상품을 전달하게 되며, 가상가치관리시스템에서는 구매자의 가상계좌에서 해당 가치가 공급자의 가상계좌로 이체된다.

가치거래시장에서는 거래 현황과 수요 공급의 균형성도 확인할 수 있다. 즉, 공급하는 재화나 서비스의 개별 시장별 공급량, 이에 대한 수요, 그리고 실제로 거래가 이루어진 체결량과 거래가치 등 다양한 정보를 실시간으로도 확인할 수 있다. 이것은 단순히 현재 시점에서의 정보만을 얻을 수 있는 것이 아니라 과거로부터 축적된 정보도 확인할 수 있으며, 이에 대한 각종 통계적 분석 자료도 확인할 수 있다. 여기서 수요와 공급에 대한 정보는 가치산정 시 꼭 필요한 계수로써 사용되기 때문에 가치거래시스템은 가치평가소와 연계가 되어 있다.

이 수요와 공급의 정보를 보면 현재 어느 직종이 인력이 부족하고 어느 직종이 재화나 서비스의 공급이 남는지도 확인할 수 있다. 농산물의 경우 어느 작물이 수요가 부족하고 혹은 남는지를 쉽게 확인할 수 있다. 이는 향후 직종이나 하는 일을 변경하고자 하는 경우 많은 도움이 될 수 있다. 이상의 모든 작업과 처리는 가상가치거래소의 가상가치시장시스템에서 자동으로 구현되며, 인공지능 로직으로 구현한 관리자가 오류 없이 잘 처리되도록 관리한다.

가치 거래의 종류

가치거래의 종류는 크게 다섯 가지의 경우로 구분된다. 재화를 생산해서 공급하고 이를 구매하는 경우, 서비스를 제공하고 이에 대한 대가를 지급하는 경우, 세금이나 공공요금을 부과하는 경우, 기부나 증여를 하는 경우, 외환 거래를 하는 경우다. 첫 번째 경우는 이미 설명했고 나머지 거래를 알아보자.

두 번째 거래는 서비스를 제공하고 서비스 수혜자로부터 이에 대한 가치를 받는 경우다. 보통 기업체에서 근무하고 임금을 받는 경우 또는 육체적 노동력이나 기술적인 가치 등을 제공하고 이에 대한 대가를 받는 경우, 음식점 웨이터가 팁을 받는 경우도 이에 해당한다. 서비스 요구자가 원하는 서비스 및 이에 대한 거래가치를 가치거래시장에 등록하면 서비스 공급자가 가치거래시장에 등록된 서비스 요청에 대해서 서비스 공급 신청을 하게 된다. 이에 서비스 요구자가 지원자 중에서 원하는 지원자를 선택하면 해당 신청자에게 서비스 제공 승인이 이루어진다. 이후에 실제 서비스가 제공되면 서비스를 받은 수혜자는 가치거래 시장을 통해서 거래예정가치를 지급 신청하게 되며, 해당 서비스

제공자의 가상계좌로 이만큼의 거래가치가 지급된다.

세 번째 거래는 세금이나 공공요금을 부과하는 경우며, 이는 서비스 제공자인 국가가 제공한 서비스에 대한 대가로 가치 지급을 요청하는 것이다. 토지의 사용에 대한 세금은 사용하고자 하는 개인이나 단체가 토지 이용 시스템을 통해 특정 토지의 사용 시의 세금을 확인하고 나서 이에 대한 사용 신청을 하게 된다. 그러면 국가가 신청자의 사용 이력 등의 내용을 확인하고 승인을 결정하면 해당 사용 가치가 신청자의 가상 계좌로부터 국가의 세금으로 빠져나가게 된다. 그러면 신청자는 승인된 기간만큼 해당 토지를 사용할 수 있게 된다. 공공요금도 이와 마찬가지로 개인이나 단체가 공공요금관리시스템을 통해서 전기나 수도 등의 사용을 신청하면 신청한 항목과 해당 기간만큼의 서비스가 공급된다. 일정 서비스 기간마다 이에 대한 사용량을 점검해서 해당 가치만큼 사용자의 가상계좌로부터 국가의 세금으로 자동으로 지급된다.

네 번째 거래는 다른 사람에게 자신의 가상가치를 기부하는 경우다. 먼저 아이들에게 용돈이라고 불리는 활동가치를 주고자 하는 경우는 아이가 스마트기기를 통해 가치거래 시장에서 활동가치 영역으로 들어가서 활동가치 요청을 활성화한다. 그러면 활동가치를 주고자 하는 어른이 시스템상의 아이의 활동가치 요청 영역으로 접근해서 스마트기기에서 지문과 홍채 인식으로 본인 인증을 통해 이를 승인하는 과정을 거친다. 이후 원하는 가치를 입력하면 입력한 만큼의 가상가치가 아이의 가상계좌로 들어가게 된다. 다만 아이와의 관계에 따라 지급 가치의 한도 및 기간별 횟수의 제한 그리고 총 지급량의 제한을 받게 되며, 이것은 상속으로의 악용을 방지하고자 하는 것이다. 일반적인 기부도 이와 비슷하며, 기부를 필요로 하는 개인이 스마트 기기를 통해 가치 거래 시장의 기부 요청을 활성화하면 기부자가 이를 승인하는 과정을 거친다. 이후 지급을 원하는 금액을 입력하게 되고 해당 가치가 기부 수혜자의 가상계좌로 들어가게 된다.

다섯 번째 거래는 외국의 국가와의 거래인 경우다. 먼저, 아직 가상가치를 사용하지 않고 기존 화폐를 그대로 사용하고 있는 외국 국가로 외환을 송금하고자 할 때는 가치거래시장에서 외국환 항목으로 들어가서 가상가치의 외환송금 항목을 선택하고, 원하는 외환과 송금액을 선택하고 수신자 계좌 정보를 입력하면 외환 환율에 맞도록 가상계좌에서 가상가치가 빠져나간다. 아직 가상가치를 사용하지 않고 기존 화폐를 그대로 사용하고 있는 외국 국가의 외환을 송금받는 경우도 가치거래 시장에서 외국환 항목으로 들어가서 외환의 가상가치 수금 항목을 선택하면 본인 인증을 거친 후 외환 환율을 고려해서 외환이 해당 가치만큼 환산되어서 가상계좌로 들어오게 된다.

가상가치를 사용하지 않는 국가의 외국인이 국내를 여행하고자 하는 경우는 입국 시 가상계좌를 만드는 과정을 거치게 된다. 여기에 입국 시 준비한 외국환만큼의 가상 가치가 적립되어서 국내에서 어디에서든지 사용할 수 있으며, 남는 경우는 다시 외국환으로 바꾸어서 출국할 수 있다. 가상가치를 사용하는 국가의 외국인이라면, 본국에서의 가상가치를 국제가상가치거래시스템을 통해 여행하고자 하는 나라의 가상가치로 전환할 수 있으며 입국 후 이를 바로 사용할 수 있다.

가상가치를 사용하지 않는 국가와 무역을 하는 경우에 대해서도 살펴보자. 먼저 수출은 수출품을 보내고 이를 수입한 국가가 보유하고 있는 국제가치를 받아서 이를 우리나라의 가치로 환산 받는 과정을 거치게 된다. 수입은 우리나라의 가상가치를 국제가치로 환산해서 수입품에 대한 대가를 지급하고 수입품을 받는 과정으로 이루어진다. 가상 가치를 사용하고 있는 나라인 경우도 나라별 가치의 척도가 조금씩은 다르므로 지급하고자 하는 대가를 국제가치로 환산하여 지급한 후 수출입 물품 교환이 이루어지게 된다.

　이제껏 설명한 거래 이외에 비정상적인 거래도 있다. 허수 거래와 부정 거래 그리고 불법 거래다. 허수 거래란 거래가 이루어질 수 없는 가치로 공급자가 거래 가격을 책정해서 공급 물품을 등록하거나 혹은 권장 가치로 등록하나 공급 승인을 회피하는 방법으로 공급을 회피하는 경우다. 물론 공급하고자 하는 재화가 준비되지 않았으며, 주로 공급자로서의 활동 이력을 채우기 위해 이러한 일을 저지르게 된다. 부정거래란 특정한 사람이나 단체에 혜택을 주기 위해 시도한다. 권장가치보다 지나치게 싼 가치로 공급하고자 하는 상품을 등록하고 다른 사람들의 공급 요청은 승인을 거부하고 특정한 사람이나 단체의 요청에만 공급 승인을 하는 행위다. 이는 불법 상속이나 증여의 수단으로 이용할 수 있으므로 철저한 단속 대상이다. 또한, 불법거래라는 것은 가치거래시장에서 거래할 수 없는 상품을 거래하기 위해 상품의 정보를 위장해서 등록하고 예정된 고객이 이에 대한 가치를 지급하도록 하는 행위다. 주로 마약이나 그 밖의 금지된 품목들이다.

02

{ 가상가치관리시스템 }

가상가치관리시스템

　가상가치관리시스템에 대해서 알아보자. 여기서 제시된 것은 가치주의 경제 운영를 위해 필요한 시스템을 구현하는 한 가지 방법 정도로만 이해하자. 블록체인 등 더 나은 방법으로도 구현될 수 있으므로 가장 신뢰성 있는 것을 선택하면 된다.

　가상가치관리시스템은 전 국민이 모두 계좌를 가지고 있고 데이터의 조회 및 출입 정보 변경이 빈번하게 일어난다. 원하는 데이터를 조회 시와 입출력 작업 등의 이벤트 발생 시에 이를 정확하고도 빠르게 검증하고 신속하게 처리해야 한다. 모든 과정 중에 아니 어떠한 순간에도 데이터의 무결성이 확보되어야 하고, 해킹의 염려가 전혀 없는 완벽한 보안도 이루어져야 한다. 혹시라도 일어날 수 있는 데이터 오류 여부를 수시로 확인해서 이를 신속하게 복구해야 하며, 여러 곳으로 분산된 안전한 데이터 백업 시스템도 갖추어야 한다. 전 국민의 모든 데이터를 평생 관리하려면 엄청난 규모의 저장공간이 요구되고, 서버는 최적의 온도조건이 유지될 수 있도록 해야 한다.

혹시라도 있을 수 있는 화재나 지진 등의 피해에도 데이터 손상이 전혀 일어나지 않는 안전을 확보해야 하고, 전쟁이 일어나더라도 사용할 수 있도록 독립되고도 안정적인 운영이 가능한 발전 및 전원 공급 설비를 갖추어야 한다. 누구라도 접근할 수 없는, 전혀 알 수 없는 그런 곳에 서버가 구축되어야 한다. 데이터 저장 서버는 한 곳이 아니라 전국에 각기 다른 장소에 최소 5개소에 동시에 운영하며, 서로 간에 동일한 데이터 보유하고 있는지를 쉬지 않고 확인하는 작업을 한다. 해커들의 침입이 되지 않도록 이들 5개소의 서버는 내부망을 통해서만 이벤트 작업을 수행한다.

98

가치주의 부동산 제도 (토지 공개념)

부동산 제도 (토지 공개념)

　오래전 토지는 누구의 소유도 아니었다. 사람도 동물도 모두 같은 땅을 터전으로 삼았을 뿐이었다. 하지만 언젠가부터 사람들은 땅에서 동물들을 몰아내었다. 그리고 자기 땅이라고 했다. 이후 그마저도 공동체 소유가 아닌 누군가 특정인이 차지하게 되었다. 땅을 가진 자는 이미 권력과 부도 쥐고 있었다. 땅을 차지하기 위해 사람들은 전쟁이라는 방법을 택했다. 동물들도 그리고 사람의 생명마저도 땅을 차지하기 위해서라면 아까울 것이 없었다. 방해되는 것은 모두 잔인하게 짓밟았다. 영토를 넓히는 것, 그것을 애국이라 여겼으며 지금도 다들 그렇게 생각한다.

　가치주의에서는 자연 그대로의 원리를 중요시한다. 누군가가 어떠한 것을 소유한다면 그 이유가 반드시 있어야 한다. 어떠한 수고를 해서 그것을 가질만한 명분이 있다면 그것을 그대로 인정한다. 하지만 명분 없이 어떠한 것을 소유한다면 그것은 절대로 인정하지 않는 것이다.

무소유   소유   공개념

누구에게나 공평한 기회가 주어진다   토지는 소유권 인정 안됨 (소유 근거 없음)
합리적인 이용과 효율을 추구한다   건물은 소유권 인정 (소유 근거 있음)
인간과 자연을 함께 생각한다   건물 등 토지 사용 대가에 대한 세금 부과

    땅에 대해서 생각해보자. 지금의 땅 주인들이 그 땅을 소유할 명분을 찾아보자. 아마 대부분 상속을 받았거나 다른 누구로부터 구입한 땅일 것이다. 땅의 원래 소유자를 추적해 올라가면 일제 강점기에 혹은 조선 시대 때에 취득했을 것이다. 아니면 그 이전을 시대를 올라가야 할지도 모른다. 어느 시기이건 소유의 권한을 부여한 자가 누구이건 그 소유의 정당성을 어떻게 주장할 수 있을 것인가? 가장 최초의 소유자로 거슬러 올라가면 그저 자연으로부터 강제로 빼앗은 것이 소유의 근거일 것이다.

    원래 땅이란 소유의 명분을 확보할 방법이 없다. 태초로부터 지금까지 자연의 것이고, 자연과 인간이 함께 사용해야 하는 것이다. 가치주의에서는 땅의 소유권이 모두 소멸한다. 하지만 건물은 다르다. 누군가의 수고와 노력이 건물에 담겨 있기 때문이다. 따라서 건물의 소유권은 그대로 인정된다. 다만, 건물이 땅을 차지하고 있기에 이에 대한 세금을 매겨서 토지 사용에 대한 가치를 부과해야 한다. 그것이 모두가 함께 살아가기 위해 지켜야 하는 최소한의 의무일 것이다.

100

04

{ 가치주의 조세제도 }

조세제도 (자본주의)

　누구나가 생각하는 조세의 원칙이 무엇일까? 누구나가 인정한다고 여겨지는 합리적인 조세 원칙을 적어보았다. 여기에 적혀 있는 것이 부족하다고 생각하면 더 추가해서 기록해 보라. 제외하고 싶은 항목은 빼도 좋다. 하지만 그 누구라도 동의하는 수준의 원칙을 적어보자.

　그리고 현재 자본주의에서 실제로 이루어지는 조세가 어떤지를 들여다보자. 이 항목들 중에서도 마찬가지로 원하는 항목을 넣고 원하지 않는 항목을 빼도 좋다. 그리고 비교해 보자. 합리적인 원칙과 현재의 상태를. 아마 합리적인 조세의 원칙이 그대로 지켜진다고 답하는 이는 찾기 힘들 것이다.

　'원래 그런 것이다' 라고 여기지 말자. '누가 정치를 해도 누가 집권을 해도 원래 그렇게 된다' 라고 미리 포기하지 말자. 조세는 우리가 함께 살아가는 국가라는 몸이 살아서 움직이도록 하기 위해 공급하는 혈액이기 때문이다. 조세의 수준이 바로 국가의 수준이고, 조세의 모습이 바로 국가의 모습이다. 방만하다, 주먹구구다, 불공평하다는 단어가 자주 등장한다면, 국가의 모습이 정말로 그렇다는 뜻이다.

합리적인 조세 원칙	자본주의 조세 제도
· 합리적인 징수 명목	· 근거가 희박한 세금 항목
· 징수 세액에 대한 합당한 근거	· 합리적이지 못한 세액
· 명목에 맞는 낭비 없는 집행	· 잘못된 집행으로 세금 낭비
· 집행에 대한 투명한 공개	· 방만하고 주먹구구식 집행
· 공평하며 합리적인 조세 의무	· 공평하지 못한 조세 의무

조세제도 (가치주의)

가치주의 조세제도를 알아보자. 가치주의에서는 먼저 국가가 제공하는 서비스에 대한 정의를 내린다. 어떤 종류의 서비스가 있는지, 그 서비스의 실제 업무가 어떤 일인지도 낱낱이 상세하게 분해해서 정의한다. 거기에 참여해야 하는 인력의 규모와 수준, 그리고 각각의 공무원들이 해야 하는 일들이 조목조목 정의된다. 시대의 변천과 상황에 변화에 맞추어서 이 정의는 날마다 변화하고, 가장 합리적인 모습으로 늘 거듭나게 된다.

거기가 출발점이다. 국가가 무엇을 해야 하는지 알지 못하는데 어떻게 국가의 경영이 제대로 이루어질 수 있겠는기? 자신이 무잇을 해야 하는지 알지 못하는데 공무원이 어떻게 그 직책을 감당할 수 있겠는가? 국가의 서비스가 제대로 정의되면 이 서비스에 대한 가치를 분석하게 된다. 소요되는 인력과 투입되는 장비도, 그리고 필요한 시설과 인프라도 모두 고려되어 정확하게 서비스의 가치를 산출한다. 이 산출된 가치의 총합이 바로 세금 징수의 근거가 된다.

국가가 징수하는 세금에는 3종류가 존재한다. 먼저, 국가가 제공하는 상하수도와 전기 등을 이용하는 것에 대한 세금이다. 원래 지금보다 많이 비싸야 정상이다. 자본주의에서는 물값도 전기값도 너무 싸서 사람들이 낭비적으로 사용한다. 두 번째 세금은 토지 이용에 대한 것이다. 건물을 소유하고 있으면 누구라도 예외 없이 부담해야 한다. 농지나 교육용지, 그리고 병원이나 소방서 등의 공공용지는 부담이 줄어들도록 혜택을 받게 된다. 마지막으로 사망 시에 사회적 상속세를 내야 한다. 개인이 소유하던 가상가치 전부를 내놓는 것이다. 빈손으로 왔으니 빈손으로 돌아가는 자연의 원리가 그대로 적용되는 것이다. 원칙적으로 이 세 가지 세금 이외에는 다른 어떠한 세금도 존재하지 않는다.

| 국가 제공 서비스 | · 국토를 지키는 서비스
· 치안 및 사법 서비스
· 공공 부문 및 행정 서비스
· 외교 및 대외 서비스
· 국토 관리, 기간 시설, 교통 서비스 | · 교육 및 학술 진흥 서비스
· 소방, 안전 및 재난 대비 서비스
· 보건 및 복지 서비스
· 문화 진흥과 역사 보존 서비스
· 국가 운영 서비스 |

국가 제공 서비스 : 세금

가치산정

세금징수

· 물과 에너지에 이용에 대한 세금
· 토지의 이용에 대한 세금
· 사망 시 보유 가상가치 전액 환수

{ 가치주의 경제의 흐름 }

가치주의 경제 흐름

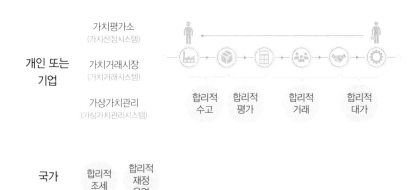

개인 또는 기업
- 가치평가소 (가치산정시스템)
- 가치거래시장 (가치거래시스템)
- 가상가치관리 (가상가치관리시스템)

합리적 수고 · 합리적 평가 · 합리적 거래 · 합리적 대가

국가
합리적 조세 · 합리적 재정 운영

· 재화/서비스를 사회적 기여를 근거해서 가상가치로 산정
· 시장 경제 원리로 생산품 거래
· 적립된 가상가치가 곧 화폐

조세까지 살펴보았으니 이제 자치주의 경제 흐름에 대해서 다시 한번 짚어 보자. 개인, 단체, 또는 기업은 다음의 단계를 밟아서 수익을 창출하고 소득을 올린다. 합리적 수고, 합리적 평가, 합리적 거래, 그리고 나면 합리적 대가를 지불받게 된다. 가치평가소의 가치산정시스템과 가치거래시장의 가치거래시스템, 그리고 가상가치거래시스템의 도움을 받게 된다. 국가는 합리적 조세를 시행하고 이를 바탕으로 합리적 재정 운영을 해서 국가를 경영하게 된다.

가격 결정 메커니즘

여기서 재화나 서비스의 가격이 어떻게 결정되는지 알아보자. 보통 자본주의에서는 단 하나의 요소로 가격이 결정된다고 생각한다. 바로 수요-공급의 법칙이다. 아무리 좋은 상품이라도 수요가 없으면 가격이 내려가고, 아무리 좋지 않은 상품이라도 수요가 많으면 가격이 올라간다고 생각한다. 하지만 한가지 요인이 더 있다. 바로 초기 가격이다. 공

급자는 초기 가격을 원하는 대로 정한다. 심지어는 공급자들 간의 담합으로 초기 가격을 일정 수준 이상 유지하기도 한다. 모든 공급자가 높은 가격에 상품을 내놓으면 '원래 그런가 보다' 라고 사람들은 그렇게 여기게 된다.

가치주의에서도 수요–공급의 법칙을 따르는 것은 마찬가지다. 하지만 또 하나의 요소가 추가된다. 바로 권장공급가치다. 가치산정시스템을 통과해서 권장공급가치가 산정되고 이것이 상품 정보에 포함되기 때문에 소비자는 이를 알 수 있다. 따라서 시장에서는 어느 정도 근거 있는 가격 수준으로 재화나 서비스가 거래되게 마련이다. 공급자 간의 가격 담합은 애초에 불가능하다. 물론 특정 공급자가 권장공급가치와 무관하게 가격을 올려서 재화나 서비스를 공급할 수는 있다. 자신이 제공하는 재화나 서비스의 가치가 권장공급가치보다 높아서 소비자의 선택을 받을 것이라고 자신할 때다.

경제 운영 (재정 건전 시)

가치주의 경제를 운영하는 정부에서는 네 가지 주목하는 인자가 있다.

첫 번째 개인별 수고의 총량 및 가치 수혜의 공정성이다. 이것은 한 사람이 태어나서 평생을 통해 일하게 되는 총량을 산출하는 것과 그것을 가치로 환산해 받는 것이 얼마나 공정한 것인가를 평가하는 것이다. 각각의 일에 대한 가치산정이 올바르다고 하면 사람마다 수고의 총량을 산술적으로 근거 있게 표현할 수 있으며, 그 표준편차의 값이 작다고 하면 가치주의가 올바르게 실현된 사회라고 볼 수 있다.

두 번째 항목은 경제의 실제 효율성이다. 이것은 자본주의의 모순적인 측면이기도 한 항목이다. 사람이 수고를 하게 되는 것은 그 필요성이 있기 때문인데, 그 필요성을 판단하는 관점을 지구 전체로 확대하거나 아주 장기적인 시각으로 바라보면 필요가 없거나 하지 말아야 하는 일인 경우가 있다. 즉, 일을 통해서 인간의 영속적인 삶에 유익을 주는 것을 만들어 내는 것이 아니라 오히려 이를 방해하는 일을 하게 되는 경우다. 이것은 앞에서 나온 수고의 분류에 잘 설명되어 있다. 가치주의에서는 만들어진 가치의 자연 친화성, 가치 투자의 중복성, 가치생산 시 자연 훼손 총량, 사용되지 않고 버려지는 가치의 총량들을 산출하게 되며, 이들을 모두 고려해서 어떠한 사회의 가치주의 경제의 효율성을 구하게 된다.

세 번째 항목은 경제 체제의 안정성 또는 지속 가능성이다. 이는 경제 체제가 발전하면서 이상적인 상태를 실현한 후에 이를 계속해서 유지하거나 혹은 이로부터 벗어났다고 해도 다시 이 상태로 되돌아오는지를 보는 것이다. 1장에서 설명한 대로 자본주의는 체제의 안정성과 지속성에 문제가 있다. 가치주의에서는 수요와 공급이라는 시장 경제의 상황을 제외한 측면에서의 각 재화의 대표 가치의 변동성과 복귀성을 산출하며, 각 개인에게 부여되는 수고의 총량에 대한 합리성을 산출한다. 이를 통해서 가치주의 경제 체제의 안정성과 지속성을 평가하게 된다.

네 번째 항목은 가치주의하에서 경제 예측의 실제성이다. 경제 예측이라고 하면 국내 총창출가치, 국내 총보유가치, 국민 1인당 보유가치, 공공부문 보유가치, 세입과 세출의 흐름 및 균형성 등 각각의 경제 지표들을 예측하는 것이다. 그래서 국가의 운영에 문제가 없는지와 일반적인 국민의 생활에 문제가 없는지 그리고 향후 예측은 어떠한지를 보는 것이다. 가치주의에서는 현재 및 향후 일정 시점마다 각각의 경제지표들을 예측해서 산출하고 이를 실제 상황과 비교해서 예측의 정확도를 누적해서 관찰한다. 국가의 운영에 필요한 세수의 확보와 실제적인 국민 생활의 안정성에 초점을 맞추어서 예측 및 이것의 실제성을 관찰하게 된다.

국내총창출가치	국가조세수입 예상가치	국민수입 예상가치
국내총소멸가치	국가서비스지출 예상가치	국민지출 예상가치
국내총보유가치	국가무역손익 예상가치	국민1인당 총보유가치

개인별 수고의 총량/
가치 수혜의 공정성

경제의
실제 효율성

경제 체제의 안정성
지속가능성

경제 예측의
실제성

경제 운영 (재정 불건전 시)

신규 투자항목 축소	서비스 효율성 증대	한시적 특별세금	토지사용 세금의 증세	에너지 수도세 증세
·신규 투자 재검토 ·투자 집행 시기 조절	·낭비/불필요 제거 ·운영의 묘 살리기	·추가 조세 여유자에 한정 ·재정 정상화시 환급	·장기적 안목 검토 ·국민 투표로 결정	·소비자 물가 고려 ·국민 투표로 결정

✤ 재정 현황에 맞도록 단계별 확대 적용

가치주의 재정운영에서 국가 운영에 필요한 보유가치가 부족한 경우에는 다음의 방법을 순차적으로 취하게 된다. 첫 번째로는 신규 투자 항목을 축소하는 것이다. 사회 간접 시설의 신규 건설 등 신규 투자 건에 대해서 면밀한 검토를 통해 그 집행의 필요성 검증 및 집행 시기의 조절 등을 시도하는 것이다.

두 번째로는 국가 제공 서비스의 효율성이 증대하는 것이다. 즉, 각 서비스에서 낭비되는 요소는 없는지, 불필요한 부분은 없는지 그리고 인력 운영의 묘미를 살릴 수 있는 부분은 없는지 검토해서 효율성을 높여서 지출을 줄이는 것이다.

세 번째로는 국가운영을 위한 한시적인 특별 세금을 거두는 것이다. 기존 세금으로는 도저히 국가 운영되지 않을 때로 국한하며, 국민이 기 보유한 가치 일부를 국가에서 일시적으로 사용하는 것이다. 국가 운영을 위해 어쩔 수 없는 경우에만 취하게 되며 보유가치가 일정 기준이상 넉넉한 개인에게만 해당한다. 국가가 다시 일정 기준 이상으로 국가보유가치를 확보하게 되면 다시 돌려주게 되니 해당 개인에게는 그리 손해가 되지는 않는다.

네 번째는 토지 사용 세금을 상향 조정하는 것이다. 이 경우는 장기적인 안목에서 결정하게 되며 국가가치보유분이 앞으로도 계속 좋지 않을 것이라는 전망이 뚜렷한 경우에만 국민의 의견을 물어서 결정하게 된다.

다섯 번째는 에너지와 수도 등의 공급 가치를 한시적으로 높이는 것이다. 물론 에너지와 수도의 사용 가치는 그 수급에 따라서 항상 변하며 일정하지는 않다. 하지만 책정해야 할 가치보다 더 높게 받겠다는 뜻이며 이 또한 전체 소비자 물가에 영향을 미치기 때문에 국민의 동의를 거치게 된다.

가치주의에서는 기업의 창업과 경영은 어떻게 이루어질까? 나날이 발달하는 인공지능 기술에 밀려서 우리 인간의 일자리는 사라지지 않을까? 우리나라의 미래를 이끄는 산업과 일자리 그리고 그 산업을 일으킬 미래의 지식은 어떠한 것이 있을까? 산업의 근간이 되는 에너지와 식량 및 수자원 그리고 환경과 국토의 관리도 살펴보자.

CHAPTER
04

가치주의 산업

01

{ 가치주의 기업 }

자본주의 기업 경영

현재 자본주의의 정점을 누리고 있는 대기업 재벌 그룹의 모습을 살펴보자. 이들 기업의 대부분을 차지하고 있는 것이 주식회사인데, 주식회사에서는 그 회사의 주식을 보유하고 있는 비율만큼 경영권을 행사할 수 있다. 그렇다면 실질적인 경영주인 그룹 총수가 가장 많은 주식을 보유하고 있어야 하는데 실상을 들여다보면 실망할 수밖에 없다. 그룹 내, 기업 간의 상호출자 또는 순환출자 방식으로 지분의 소유가 얽혀져 있고, 그룹의 규모가 커질수록 더욱 복잡한 방식의 출자를 통해서 한 명의 그룹 총수가 그룹 내의 전체 회사의 경영권을 가지게 되는 방식을 취하고 있기 때문이다.

아래의 그림은 단적인 사례를 표현한 것이다. 꼭 이렇게 한다는 뜻은 아니니 오해가 없길 바란다. 만약에 재벌 그룹의 총수가 각 회사의 지분을 모두 일정 비율 이상의 주식을 보유하고 있고, 각각의 회사에 대해서 그 주식 보유 비율이 다른 대주주보다 높다고 하면 경영권을 획득하는 것이 타당하고 아무런 문제가 없다고 볼 수 있다. 하지만 실제로는 상당히 작은 지분만으로도 상호출자나 순환출자 등으로 그룹 내 모든 회사의 실효적 지배권을 가지게 되는 것은 부당하다고 해야 할 것이다.

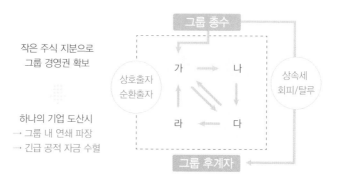

작은 주식 지분으로
그룹 경영권 확보

하나의 기업 도산시
→ 그룹 내 연쇄 파장
→ 긴급 공적 자금 수혈

여기에 또 다른 모순도 있다. 재벌의 총수가 그룹의 보유 지분을 자식에게 상속하는 과정이 올바르지 못하다는 것이다. 상속세를 제대로 내고 보유 지분을 자식에서 물려준다면 자식이 그 재산을 소유하는 것은 정당성을 갖출 것이다. 하지만 가뜩이나 보유 지분이 작은 상태에서 상속세를 내기 위해 지분을 상당 부분 잃는다면 그룹의 경영권은 자식에게 돌아가지 못할 가능성이 매우 농후한 것이 현실이다. 따라서 그 규모가 큰 대기업의 그룹일수록 경영권의 후계 상속 시 상속세를 내지 않기 위해 각종 편법이 동원된다.

단적인 사례를 살펴보자. 작은 회사를 설립해서 비상장 주식의 대부분을 자식이 소유하고 있고, 이 회사에 그룹 내의 다른 회사들이 일감 몰아주기를 하는 것이다. 이 회사가 그룹 내의 다른 회사의 재물을 헐

값으로 취득하도록 하기도 한다. 혹은 이 회사에 그룹 내의 특정 사업이나 이권을 독점적으로 차지하도록 해서 이 회사의 덩치를 비정상적인 방법으로 키우는 것이다. 결국, 이 회사의 전망을 매우 좋게 평가받도록 만든 후에 이 회사의 주식을 상장하는 수순을 밟는다. 결과적으로 이 회사의 주가를 매우 높이 상승하도록 해서 그 자식이 소유하고 있는 재산을 짧은 시간 내에 엄청나게 키우는 방법이 이러한 편법 중의 하나다.

어떠한 방법을 취하더라도 재벌인 아버지의 재산이 그 자식에게 넘어가는 과정이 일어난 것은 분명하기에 이에 대한 상속세를 부과해야 하나 집행은 거의 이루어지지 않는다. 상속세 미납분만큼 세수 부족이 발생할 테고, 국민들이 부족한 세수를 채우게 되니 결국 재벌들의 상속을 위해서 국민들의 호주머니 속 돈이 쓰인 셈이다.

가치주의 기업 경영

가치주의에서는 기업의 경영이 달라진다. 회사의 경영권을 나타내는 지분율은 자신이 회사에 자본금으로 투자한 금액이 가상가치라는 수단을 통해서 명확하게 드러나는 만큼 따로 주식이라는 수단이 요구되지 않는다. 가치주의에서는 회사를 설립할 때 필요한 자본금을 확보한 후 회사를 시작하게 되며, 이 자본금에 동참한 사람들의 지분율대로 회사 경영의 권리를 나누어서 가지게 된다.

투자에 참여한 모든 개인이나 단체가 회사의 주인이 되며, 회사의 경영에 투자한 비율만큼의 역할을 부여받아서 직접 혹은 간접적으로 경영에 참여하게 된다. 즉, 각자가 투자한 자본금은 회사의 이름으로 된 가상계좌로 입금되어서 관리되며, 가상계좌에 모인 총 자본금 중 개인별 투자 금액에 따른 투자 지분이 분별이 되고, 이 지분의 비율대로 회사의 경영권을 나누어서 가지게 된다. 기업의 가상계좌에는 이러한 개인별 총 투자가치가 표현되며, 총 투자지분도 표현이 된다.

회사의 운영 중에 시설 투자 등의 운영 자금으로 회사의 가상 계좌에서 가치가 인출되면 이 또한 일일이 확인할 수 있으며, 개인이 투자했던 가치를 일부 회수하더라도 이를 확인할 수도 있다. 현재 시점에서의 개인별 총 투자가치 및 투자 비율을 확인할 수 있어서 경영권의 지분을 확인할 수 있다. 사업의 방향 및 투자의 결정뿐만 아니라, 재무관리, 인사 관리, 제품 개발, 영업 등 회사 전반의 경영 활동은 투자자들이 직접 참여하거나 혹은 지명하는 전문경영인과 실무자들을 통해 이루어진다.

경영 활동의 결과로 창출되는 가치나 혹은 손실가치는 그 역할과 투자 비율에 맞게 이익을 취하거나 손실을 감수하게 된다. 따라서 회사의 사업을 통해 창출된 가치가 특정 개인이나 특정 단체로 귀속되지 않고 투자자 모두에게 그 역할에 맞도록 분배된다. 회사의 경영 과정 중에 사고 등으로 손실이 발생해서 자본금을 모두 소진하거나 모자란 경우에는 일차적으로 현재의 경영권 지분을 확보한 개인들의 추가적인 지분 투자가 강제되며, 이는 경영의 책임을 묻는 것이다.

이러한 추가적인 투자로도 손실이 남아 있게 되면 몇 가지의 조치가 뒤따르게 된다. 가장 먼저는 회사의 각각의 분야에서 업무에 참여했던 사람들에게 급여로 지급해야 하는 가치를 투자의 형식으로 받는 방법이 있다. 이것은 임직원들에게 자발적으로 경영진으로의 참여를 유도

하는 것이다. 자본가치에 참여한다는 것은 개인이나 단체가 소유하고 있는 가상가치를 그 회사에 투자하는 것으로써 투자 규모에 따라 그 회사에서의 역할을 부여받게 되어 회사의 경영이나 그 밖의 활동에 참여하게 되는 것이다. 회사가 이윤을 창출하지 못하고 손실을 보게 되면 투자한 자본 가치의 손실을 볼 수도 있다.

두 번째로는 사업설명회를 개최해서 추가적인 투자를 유치하는 것이다. 이들 두 방법은 회사의 사업 아이디어 혹은 보유하고 있는 기술이 뛰어나거나, 사업의 사망(事望)이 유망하지만 경영이 어려운 경우에도 해당한다. 가치의 흐름이 일시적으로 좋지 않았을 때 이러한 방법으로 투자를 유치해서 손실 가치를 메울 수 있을 것이다.

또 다른 방법으로는 공공부문의 투자 지원 창구를 두드리는 것이다. 일정한 자격을 갖추면 신청을 하고 심사를 거친 후에 자본가치를 지원받을 수도 있다. 이 경우는 정해진 기간 내에 지원된 가치가 공공부문으로 회수되지 않으면 재심사를 거치게 된다. 재심사 후 회수 유예가 결정되고 이후에 유예된 기간을 다한 경우에도 지원가치 회수가 이루어지지 않으면 이를 공공부문에서의 손실로 처리하게 된다. 이러한 지원을 모두 받더라도 끝내 손실을 만회하지 못한 기업은 자산이 가진 모든 자산을 매각한 후 파산하게 된다. 매각한 가치로 손실을 상환한 후에도 손실이 남아 있는 경우는 남아 있는 만큼 그대로 손실로 처리된다.

대출이라는 것이 없으므로 기업이 대출을 통해 덩치를 키워서 성장하다가 도산해서 사회에 큰 손실을 끼치는 경우는 발생하지 않는다. 한 명의 기업주가 아주 작은 지분을 투자하고도 순환출자를 통해 여러 회사를 거느리며 문어발식 경영을 하다가 연쇄적으로 기업이 도산하는 상황도 전혀 일어날 수 없는 일이다. 기업의 자금 흐름은 지극히 투명하고 이익의 분배가 공정하게 이루어지게 된다.

경영진을 포함한 기업의 모든 임직원은 해당 기업의 역할가치로서 참여하는 것이다. 이는 참여하고자 하는 개인이나 단체가 보유하고 있는 기술, 기능, 장비 등을 활용하여 그 회사의 경영 활동에 필요한 역할을 담당하는 것이다. 그 역할 수행의 결과에 따라서 회사로부터 일정 기간마다 근로가치를 지급 받게 된다. 역할 수행 결과에 대한 평가는 가치활동 평가의 일반 기준을 따른다. 일반 기준으로 평가가 어려운 경우에는 평가 방법을 따로 제정하고 이에 대해서 공공부문 가치평가소의 승인을 받은 후 시행하게 된다.

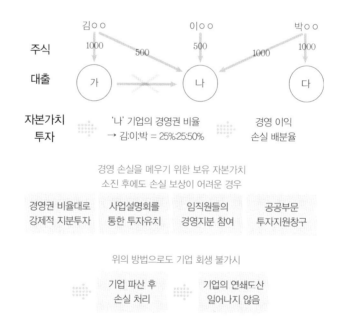

02

{ 가치주의 창업 }

기업의 창업

　가치주의의 기본 원리는 노력해서 확보한 가치만을 사용한다는 것이다. 자본 확보를 위한 대출이라는 것이 없고 주식이라는 것이 없으므로 기업이 도산하더라도 개인이나 투자자가 대규모의 손실을 보지는 않는다. 그만큼 좋은 아이디어만 있다면 실패하더라도 큰 손해가 발생하지 않으니 창업을 시도할 수 있는 문턱이 낮아진 것이다. 기업의 설립을 위한 조건은 사업성 있는 아이디어와 사업 추진의 비전 그리고 제품을 만들어 낼 수 있는 환경과 영업망의 확보 및 운영 등이다. 물론 사업성이 있는 아이디어이기에 만들어진 제품이 잘 팔릴 것이라고 가정하는 것이고, 이 아이디어와 사업 추진 비전은 창업자가 준비해야 한다.

기본 법칙   주식   대출   준비 ⟶ 시작

창업
준비
사업성 있는 아이디어   사업 추진 비전
자본 가치 마련   핵심 기술 개발

창업

기업
경영
국가산업단지 입주   인력 운영   제품 설계
기술공용제 활용   원자재 수급   제품 생산
국가 영업 및 판매망   가치 창출

국가 지원 사항에 대한 가치 반환

가치 있는 건전한 창업을 위한 몇 가지 정책이 마련되어 있다. 그 첫 번째가 중소기업을 위한 국가 산업 단지의 운영이다. 즉, 창업의 아이디어와 사업의 비전에 대한 평가 후 그 평가 결과가 일정 수준 이상이라고 판단되면 국가가 운영 중인 산업구역별 산업단지에 입주할 수 있도록 하는 것이다. 이미 마련되어 있는 사무실과 공장 형태의 건물이 제공되며, 같은 산업이 운영 중인 지역이라서 공용 설비 센터를 이용할 수 있고, 일반적인 설비는 임대해서 사용할 수 있으며, 특별한 설비만 따로 제작하면 된다.

이미 나와 있는 기술은 기술공용제를 채택하고 있으므로 아무 문제없이 사용할 수 있다. 만약에 새로운 기술을 개발하는 것이 필요하다면, 이 부분은 창업하기 전에 미리 스스로 준비한다. 즉, 사업성 있는 아이디어를 마련할 때에 이를 실현할 수 있는 핵심 기술도 갖추어 놓는 것이 중요하다. 가치주의에서 창업은 보통 사회에 진출하자마자 시작하지 않는다. 여러 곳에서 사회 경험도 쌓고 창업할 만한 가상가치를 충분히 확보한 후에 시작하는 것이 일반적이다. 다른 방법으로는 같이 투자해서 참여할 사람들을 모으는 것이다. 오랫동안 아이디어도 준비하고, 핵심 기술도 개발해 놓고 같이 투자해서 참여할 사람들도 모으고, 진행해야 할 많은 것들을 미리 다 준비하고 나서 시작하면 당연히 성공 확률이 높아진다.

영업에 대해서는 국가에서 제공하는 영업 및 판매망을 이용할 수도 있다. 생산하는 제품에 대한 모든 것을 평가한 후 국가에서 운영하는 온라인과 오프라인 공동 판매망을 이용할 수 있으며, 소비자는 국가의 검증이 이루어진 판매망이기에 이를 신뢰하고 구매할 수 있다. 사업이 잘 이루어져서 일정 수준 이상의 수입이 발생하면 그동안 국가에서 지원한 사항에 대해서 사업에 지장을 주지 않는 정도의 수준으로 꾸준히 일정 부분 가치 회수가 들어간다. 사무실, 공장, 설비 등의 이용에 따른 대가의 회수이며, 만약 사업이 실패해서 철수하게 되면 이 부분은 국가에서 손실로 처리한다. 대출의 개념은 없지만, 국가에서 사업의 기반을 미리 마련해주고 나중에 기업이 튼튼해지면 이를 회수하는 구조이기에 대출과 동등한 효과가 발휘된다고 볼 수 있다.

신규 창업의 동력원 비교

경제적 동기부여	소득의 개인 소유 인정, 이익 실현의 가능성, 성공을 통한 자아 실현	
창업 지원	직무 교육 지원, 창업 준비 지원, 창업 기반 시설 지원	
기업 자립 지원	자립을 위한 국가 지원 항목들	
사회적 안전망	무분별 경영에 대한 안전망, 회생 지원 안전망	
문화적 동기부여	성공에 대한 주변의 인정, 사회적 기여에 대한 인정, 실패에 대한 인정	

	자 본 주 의	가 치 주 의
경제적 동기부여	소득의 개인 소유 인정 상속 제도 인정 성공 시 자기 명예	소득의 개인 소유 인정 상속은 인정하지 않음 성공 시 사회적 명예
창업 지원	창업성공패키지, 창업인턴제 선도벤처업계 창업지원 창업e-러닝, 각종 금융지원	다양한 직무수행 교육체계 기업 경영 보육 제도 기술 자립 지원
기업 자립 지원	사회적기업 자립 지원 지방자치단체별 자체적 기업자립지원제도	국가산업단지 입주 및 지원 국가 영업 및 판매망 지원 기술공용제
사회적 안전망	무분별 차입 경영 방치 개인 회생 / 개인 파산 제도	무분별 차입 경영 불가능 정상인 궤도 진입 회생 지원
문화적 동기부여	성공에 대한 부러움을 삼 이익 극대화 경영에 대한 따가운 시선	성공 시 사회적 기여에 대한 높은 평가 및 실패에 대한 너그러운 인정

가치주의에서는 자본주의에 비해 창업과 기업 활동에 대한 동기부여가 떨어진다는 우려가 있을 수 있다. 기업 활동을 통해서 얻은 이익을 상속을 통해 자식들에게 물려줄 수 없고 사회에 환원해야 하기 때문이다. 분명히 맞는 이야기다. 하지만 그것이 전부는 아니다. 창업지원은 어떤지, 기업 자립 지원은 어떤지, 사회적 안전망은 어떤지, 그리고 사회적 동기부여는 어떤지 비교해보자.

먼저 창업지원을 보자. 직무교육지원은 창업과 실제의 기업 운영에 필요한 모든 실무에 대한 교육을 제공하는 것이다. 현재는 창업성공패키지와 창업인턴제라는 것을 운영하고 있다. 가치주의에서는 헤아리기 어려울 정도로 많은 직무 교육이 마련되어 있다. 가치주의 교육 항목에서 좀 더 자세히 언급할 것이다. 실무에서 당장 쓰이는 교육이다. 가치주의에서는 교육과 직업이 서로 매우 긴밀하게 연동되어 있기 때문이다. 창업에 대한 기타 지원은 현재는 선도벤처업계 창업지원, 창업 e러닝, 그리고 각종 금융지원이 있다. 가치주의에서는 기업경영보육제도와 기술 자립 지원이 마련되어 있다. 어린아이를 보육하듯이 제대로 성장하기까지 국가에서 책임지고 이끌어 주는 제도다.

기업의 자립 지원으로는 현재는 사회적기업 자립 지원, 그리고 지방자치단체별로 자체적인 기업자립지원제도 정도가 있다. 가치주의에서는 국가산업단지 입주 및 지원, 국가 영업 및 판매망 지원, 기술공용제가 마련되어 있다. 기술공용제에 대해서는 나중에 자세히 설명할 것이다. 기업 경영 실패 시의 사회적 안전망도 중요한데 현재는 개인회생제도, 개인 파산제도가 있다. 무분별 차입 경영은 오히려 방치되고 있다. 가치주의에서는 무분별 차입 경영 자체가 불가능하다. 정상인 궤도 진입 회생 지원 제도를 통해서 실패 후에도 다시 정상인의 삶으로 복귀할 수 있는 길을 열어주고 있다.

사회적 동기부여를 보자. 자본주의에서는 성공에 대한 주변의 부러움을 산다. 다른 한편으로는 이익 극대화 경영에 대한 따가운 시선이 있기 마련이다. 가치주의에서는 성공 시 사회적 기여에 대한 높은 평가를 받는다. 그리고 실패해도 이에 대한 주변의 너그러운 인정도 뒤따르게 된다. 이상과 같이 창업에 대한 철저한 준비와 지원 그리고 실패에 대한 안전망과 주변의 시선까지도 가치주의에서는 어느 것 하나 소홀하지 않다. 올바른 꿈을 세우고 그것을 이루고자 하는 자에게 길을 열어주고 지원을 아끼지 않는다. 진정한 성공이 무엇인지도, 그리고 보람이 무엇인지도, 개인이 아닌 사회가 함께 그것을 이루어 간다. 시간이 지날수록 사회적 상속에 대한 만족도는 오히려 올라갈 것이다.

가치주의 산업

월급(시간급) ⇨ 일급(가치급)

우리의 급여 제도를 살펴보자. 바로 월급제도다. 우리는 한 달에 한 번씩 월급을 받는다. 직장인도, 기업인도, 그리고 기업주도 자기 월급이 책정되어 있다. 시간급으로 일하는 사람들도 월급은 아니더라도 시간에 비례한 급여를 받는다. 자영업자들은 예외일 수도 있지만 한 달에 한 번씩은 정산하지 않는가? 어찌 되었든지 지금은 시간에 비례한 급여를 받는 것이 일반적이다. 물론 예외는 있을 것이다. 여기서는 일반적인 경우에 대해서만 살펴보는 것이다.

시간급은 몇 가지 문제가 있다. 정말로 열심히 일하고 뛰어난 성과를 얻어도 이에 대한 보상이 부족하다. 반대로 열심히 일하지 않고 성과가 많이 부족해도 일정한 급여가 지불된다. 단지 일에 투자한 시간에 비례해서 급여가 책정된다. 이직하는 경우에도 어디에서 어떤 일을 얼마나 오랫동안 했는지가 그 사람의 경력이 된다. 단지 시간이 일반적인 기준이다. 그래서일까. 급여가 부족하다고 여기는 종업원들이 힘을 합쳐 노동 쟁의를 한다. 다양한 이유를 내세우더라도 결국은 돈을 더 올려 달라는 소리다. 과연 더 주어야 맞을까? 아니면 묵살해야 맞을까?

가치주의에서는 일급을 받는다. 즉, 일에 대한 급여다. 많은 시간을 근무한다고 받는 것이 아니다. 얼마만큼의 가치를 창출했는지에 대한 급여다. 또는 창출된 가치에 기여한 만큼의 급여다. 이를 다른 말로 수고급 또는 가치급이라고 부른다. 자신이 기여한 만큼 받게 되니 이에 대한 개인의 불만이 없고, 기여가 적은 직원에게 급여를 적게 지급하게 되니 기업도 만족이다. 자신의 가치 창출 이력이 바로 경력이 된다. 노동 쟁의도 사라진다. 스스로 기여한 것보다 더 달라고 요구할 명분이 없기 때문이다. 더 받고 싶으면 더 가치 있는 일을 해내면 된다. 가치주의는 사회는 우리가 노력한 것이 그대로 그만큼만 열매로 돌아오는 세상이다.

월급(연봉) 제도 : 시간급 제도	일급(수고) 제도 : 가치급 제도
많은 기여를 한 직원에 대한 보상 부족 → 개인 불만	많은 기여를 한 직원에 대한 상응하는 급여 → 개인 만족
기여가 적은 직원에 대한 일정 급여 지급 → 기업 불만	기여가 적은 직원에 대한 상응하는 급여 → 기업 만족
일에 투자한 시간에 비례한 급여 지급	창출된 가치에 비례한 급여 지급
임금/복지 향상을 위한 노동 쟁의	임금/복지 향상을 위한 노동 쟁의 불필요
직종과 시간에 대한 개인의 경력 인정	창출한 가치에 대한 개인의 경력 인정

창작물 저작권 관리

창작물저작권 관리시스템

학술 창작물
· 학문적인 이론에 대한 새로운 업적 창출
· 당장의 쓰임새 보다는 미래 발전을 위한 가치
· 지식창조부에서 분류에 따라 고유번호 부여해서 관리
· 가치 산정 후 상응하는 홍익지수 부여

기술 창작물
· 상업화해서 물건을 만들어 낼 수 있는 기술
· 일반산업부에서 공용 기술로 등록해서 함께 사용
· 기술공용제는 배타적 독점적 지위 부여 없음
  → 특허 회피 기술 개발에 따른 낭비 발생 없음
· 가치 산정 후 상응하는 가상가치 부여
· 실사용 빈도에 따라서 홍익지수도 부여

예술 창작물
· 음악 작곡, 미술 창작물, 문학 작품, 무용 동작 등
· 제품 디자인, 로고 포함 예술적 가치 지닌 모든 창작물
· 문화부의 예술창작물관리시스템에 등록 후 사용
· 신규 등록 시 인공지능으로 도용 여부 검사

가치주의에서는 창작물 저작권 관리가 어떻게 변하는지 알아보자. 창작물의 저작권 관리는 학술 창작물, 기술 창작물, 예술 창작물의 세 개의 범주로 구분되어서 창작물저작권관리시스템에 의해서 관리된다. 먼저, 학술 창작물은 학문적인 이론에 대한 새로운 업적을 창출한 것이다. 당장은 활용할 수 있는 것은 아니지만, 더욱 발전된 연구를 위한 기틀이 될 수도 있고, 산업에서 적용할 수 있는 구체화한 이론으로도 전개될 수도 있는 그런 업적입니다. 학술 창작물은 학술 가치를 전문가

들을 통해 산정한 후 그 가치에 맞는 홍익지수를 부여하게 된다.

기술 창작물은 당장 상업화해서 물건을 만들어 낼 수 있는 기술을 말하며, 특허로 관리되는 기술들이다. 특허의 경우 창작한 기술에 대한 배타적 그리고 독점적 지위를 부여하는 것으로서 이윤의 극대화를 추구하는 자본주의 체제에서는 맞는 논리다. 그러나 창출한 가치를 사회에서 공유해서 함께 누리고자 하는 가치주의의 개념에는 배치(背馳)되는 논리다. 또한, 특허로 등록된 기술을 회피하기 위해 불필요한 회피기술을 개발해야 하는 사회적 낭비와 기술적 침해 여부에 대한 수많은 소송 등의 사회적 손실 비용 발생이 어마어마하다. 그런 일에 투자해야 하는 인력과 노력과 시간이 가치주의 입장으로 봐서는 모두 엄청난 손실이며, 이런 인력과 노력과 시간을 다른 일이나 활동을 하도록 하면 훨씬 더 사회가 발전할 수 있다고 보는 것이다.

어쨌든 가치주의에서는 상업적으로 이용 가능한 기술의 독점적 그리고 배타적 지위를 허용하지 않는다. 대신에 유용한 기술이라면 이 기술을 공용 기술로 등록해서 관리하며, 이 기술을 사용하고자 하는 많은 다른 사람이나 기업이 쓸 수 있도록 하는 기술공용제를 채택하고 있다. 물론 기술 개발에 자신의 노력과 비용과 시간을 들인 개발자에게는 그 가치를 인정하고 정확한 가치의 산정을 한 후 이 기술의 가치를 가상가치로써 지급하게 된다. 또한, 사회적으로 유용하게 활용될 때에는 그 활용성의 정도에 따라 홍익지수를 부여하게 된다. 활용성이 좋은 신기술을 개발하게 되면 우선 가치에 대한 보상을 가상가치로 지급 받으면서도 다른 사람들이 활용하게 되면 활용하는 정도에 따라 홍익지수를 부여받게 된다. 개발자로서는 기술적인 독점적 지위를 얻지 못했다 하더라도 전혀 손해가 아니다. 그리고 이 기술을 이용하고자 하는 경우에는 특허 회피 기술 개발을 위해 소모되는 노력과 시간, 그리고 인력과 장비를 낭비하지 않아도 되는 유익이 발생하게 된다.

마지막으로 예술 창작물에 대해서 살펴보자. 예술 창작물은 음악의 작곡, 미술의 각종 창작물, 그리고 문학 작품들이나, 춤이나 무용의 동작 등 예술적 가치가 있는 창작물들을 말하며, 예술창작물관리시스템을 통해서 관리하게 된다. 산업에서 사용하기는 하나 제품의 디자인이나 로고 등도 이러한 관리 범주에 해당한다. 이들 예술 창작물은 객관적인 가치를 산출하는 것이 불가능하며, 다른 사람들에 의해 도용되어서도 안 되는 창작물이다. 따라서 이러한 예술 창작물도 분야별로 세분화해서 고유번호를 부여하고 관리가 이루어지며, 새로운 예술 창작물이 등록될 때에는 기존의 창작물에서 이미 사용되었던 요소가 도용되었는지의 여부를 검사하게 된다. 예술창작물관리시스템에 내장된 인공지능 알고리즘이 데이터베이스의 자료와 비교 분석해서 이를 분별해 내면 된다. 예술 창작물은 상업적 이용 전에 반드시 예술창작물관리시스템에 등록해야 한다.

어떤 것은 당장은 유용하지 않더라도 그 가치를 인정해 주어야만 나중에 더 크게 빛나는 가치로 세상에 공헌할 수 있고, 어떤 것은 혼자만이 아니라 함께 나누고 같이 쓸 때 그 가치가 제대로 빛이 나게 되며, 어떤 것은 그 자체의 독창성을 인정해 줄 때 그 가치가 모두에게 유익을 주는 더 좋은 창작물들이 나올 수 있게 된다. 돈만을 생각하지 않고 이윤만을 생각하지 않으며, 사회에 진정으로 유익을 주는 가치를 올바르게 인정해 주는 것이 가치주의의 참된 모습이다.

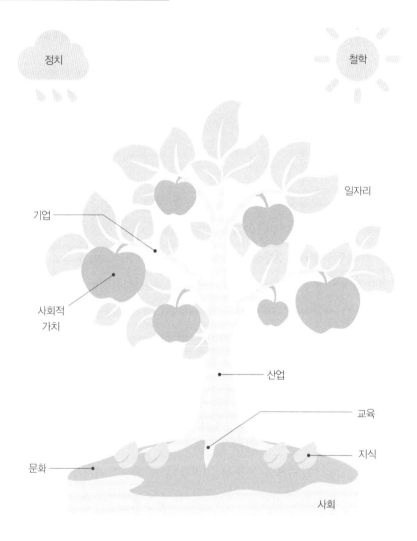

청년들의 취업난을 생각하며, 이 페이지를 쓰게 되었다. 도대체 왜 우리 청년들은 일자리를 구하기 어려운 것일까? 대학을 졸업하고도 왜 비정규직을 전전하다가 결국 취업을 포기하는 길이 우리 청년들의 인

생 여정이 되어야 하는가? 많은 중소기업들은 여전히 구인난에 시달리고 있다. 괜찮은 신입 사원을 뽑아서 잘 가르쳐서 일할 만한 때가 되면 좀 더 나은 직장으로 자리를 옮긴다. 여전히 잘 다니고 있더라도 마음 속 한편은 여전히 위를 바라보고 있다. 이건 무슨 경우인가?

정치권에서는 수십 년 전에 그랬던 것처럼 청년들에게 외국에 나가서 일하라는 이야기까지도 흘러나왔다. 대통령 선거에 나선 후보들도 저마다 일자리 대책을 내놓는다. 일자리의 개수와 일자리의 질에 대해서도 후보마다 의견이 제각각이다. 과연 누구의 말이 맞고 누구의 의견이 청년들의 일자리 문제를 해결하는 대책이 될 수 있을 것인가? 그리고 그것은 일자리 문제의 근본적인 해결책이 될 것인가? 아니면 임시적인 미봉책이 될 것인가?

사회적 가치가 창출되기까지의 과정을 표현한 그림이다. 철학이라는 태양으로부터 따뜻한 햇살이 내려오고 있다. 사회라는 지반 위에 문화라는 토양이 있다. 정치라는 비가 촉촉히 땅을 적시고 있다. 한 그루의 나무가 있고 지식이라는 낙엽이 거름이 되어서 교육이라는 뿌리를 통해서 흡수된다. 산업이라는 나무의 줄기를 타고 올라간 양분은 기업이라는 가지에 도달한다. 가지의 끝에는 일자리라는 잎이 달려 있다. 잎에서 열심히 광합성을 해서 나무의 열매가 만들어지고 그것이 곧 사회적 가치다.

일자리는 그냥 만든다고 만들어지는 것이 아니다. 대선 후보들이 일자리 공약을 한다고 해서 뚝딱 생기는 것이 절대로 아니다. 그렇게 만들어진다면 그건 임시적인 일자리일 뿐이다. 철학이라는 원천이 공급되고 사회와 문화라는 토대 위에 촉촉한 정치의 비가 필요하다. 새로운 지식을 풍부한 양분으로 만들어서 공급해야 교육이 그것을 흡수할 수 있다. 그러면 산업이 우뚝 세워지고 기업들이 우후죽순처럼 생겨난다. 그제야 일자리가 생기는 것이다.

우리의 청년들이 취업하기도 어렵지만, 취업 이후에도 더 나은 일자리를 갈망하는 것은 단지 욕심 때문만은 아니다. 아무리 직장을 구하지 못해도 힘들고 더럽고 위험한 일자리를 끝끝내 기피하는 것은 단지 눈높이가 높아져서가 아니다. 명석한 머리에 지식도 채울 만큼 채웠고, 시대의 모순을 고민하고 보다 나은 세상을 가슴에 품은 우리 청년들에게는 이러한 일자리들이 맞지 않기 때문이다.

우리의 청년들과 자라나는 아이들의 일자리를 위해서는 새로운 지식이 펼쳐져야 한다. 물론 다른 항목들도 필요하지만, 미래의 지식을 여는 것이 가장 절실하다. 이러한 지식을 통해서 대한민국은 이제 새로운 산업의 장을 열어야 한다. 우리의 미래를 열어갈 청년들과 그리고 자라나는 아이들이 가슴에 품은 멋진 꿈을 마음껏 펼칠 그런 산업들이다. 그동안 우리의 먹거리를 책임졌던 산업들 중에서 외면받는 산업들은 그 임자가 따로 있다. 많은 외국인 노동자들이 그 일을 하러 우리나라에 온다면 그들의 나라에서는 환영받을 산업이고 일자리다. 우리 대한민국은 우리만이 할 수 있는 새로운 산업을 열고 우리의 청년들과 아이들을 위한 새로운 일자리를 만들어 내야 한다. 이에 대해서는 이어지는 페이지에서 조금 더 자세한 설명을 마련해 놓았다.

미래의 일자리

인공지능의 일자리와 인간의 일자리

알파고 등장 이후에 사람들은 두려움에 떨고 있다. 갈수록 심각해지는 취업난에 인공지능마저 우리의 일자리를 빼앗아 갈 것이라는 걱정때문이다. 과연 그럴까? 지금까지는 아니지만, 인공지능 기술이 발달하면 우리 인간은 일자리를 잃어버리게 되는 것인가? 사람들의 궁금증을 풀어 보고자 이 항목을 작성했다.

우선 인공지능의 특징을 생각해 보았다. 인공지능은 단순한 일을 반복적으로 할 때 그 능력이 출중하다. 계산이 철저하고 빠르며 주어진 틀 안에서의 상황 분석이 정확하다. 사실을 완벽하게 분별하며 효율적으로 활용한다. 주어진 법을 철저하게 지키면서 냉정한 선택을 한다. 획일적인 상황에 대한 적응이 빠르고 무슨 일을 하건 인공미가 느껴진다. 주어진 상황을 평가하고 상황에 맞는 실행에 능숙하다.

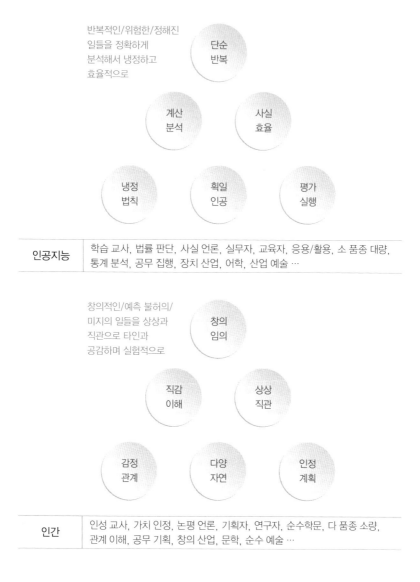

반복적인/위험한/정해진
일들을 정확하게
분석해서 냉정하고
효율적으로

단순
반복

계산
분석

사실
효율

냉정
법칙

획일
인공

평가
실행

인공지능	학습 교사, 법률 판단, 사실 언론, 실무자, 교육자, 응용/활용, 소 품종 대량, 통계 분석, 공무 집행, 장치 산업, 어학, 산업 예술 …

창의적인/예측 불허의/
미지의 일들을 상상과
직관으로 타인과
공감하며 실험적으로

창의
임의

직감
이해

상상
직관

감정
관계

다양
자연

인정
계획

인간	인성 교사, 가치 인정, 논평 언론, 기획자, 연구자, 순수학문, 다 품종 소량, 관계 이해, 공무 기획, 창의 산업, 문학, 순수 예술 …

인간의 특징을 살펴보자. 창의적인 생각과 임의적인 대응에 능하다. 직감적인 판단과 상황 이해력이 있다. 상상력을 발휘하며 직관적인 선택을 한다. 감정에 민감하고 관계지향적이다. 다양한 변화를 좋아하고

틀에 박히지 않은 결과물이 나온다. 다른 사람을 인정할 줄 알고 계획을 세울 줄 안다. 인공지능은 반복적이고 위험하지만 정해진 일들을 정확하게 분석해서 냉정하고 효율적으로 처리한다. 반면에 인간은 창의적이며 예측 불가능한 미지의 일들을 상상과 직관으로 타인과 공감하며 실험적으로 처리할 수 있다.

인공지능은 주어진 그대로 가르치는 학습교사이지만 인간은 인성을 가르친다. 인공지능은 법대로 판단하지만, 인간은 상황에 맞는 가치를 인정할 줄 안다. 인공지능이 사실을 직시하는 언론이라면 인간은 논평하는 언론이다. 인공지능은 실무자이고 교육자라면 인간은 기획자이고 연구자다. 인공지능은 응용과 활용 학문만을 익히지만, 인간은 순수 학문에 능하다. 인공지능은 소품종 대량 생산에 탁월하고 인간은 다품종 소량 생산에 어울린다. 인공지능은 통계와 분석 그리고 공무의 집행에 능하지만, 인간은 관계와 이해 그리고 공무의 기획에 능하다. 인공지능은 틀이 갖추어진 장치 산업에 어울리고 인간은 창의적인 산업에 어울린다. 인공지능은 앞으로 어학과 산업적인 예술에 도전할 것이지만 문학과 순수 예술은 인간의 영역으로 남을 것이다.

아이들을 교육할 때 암기 위주의 학습을 지양하자. 주어진 틀 안에서 뛰어난 계산이나 판단을 하는 그런 학습은 지양하자. 그런 능력은 인공지능을 절대로 따라잡을 수 없다. 법조문이나 상식을 달달 외워야 하는 그런 교육을 지양하자. 그렇게 해서 얻은 지식을 활용할 만한 직업은 인공지능한테 모두 넘어갈 일자리일 뿐이다. 아이들의 생각의 자유로움을 허락하자. 돌출적인 생각과 예상치 못한 행동을 나무라지 말자. 아이들의 생각과 상상력이 마음껏 커 나가도록 부모가 먼저 생각의 틀을 깨자. 그리고 아이들을 따뜻하게 사랑해 주자. 쓰다듬어 주고 안아주고 뽀뽀해 주자. 그러면 따뜻한 마음을 풍성하게 갖게 될 것이다. 아이들이 사람들과 그리고 자연과 어울리며 보내는 시간을 많이 허락하자. 사람들의 미묘한 마음까지도 이해하고 공감하는 능력이 생길 것이다. 창의와 공감은 우리 인간들을 위한 영역이고 인공지능이 범접할 수 없는 영역이다. 이것이 우리 인간의 미래 일자리를 만들게 될 것이다.

미래의 지식 (산업과 일자리의 기반)

이 페이지는 오직 우리 대한민국만을 위해서 쓰였다. 미래 지식이라 해도 다른 나라는 그 나라에 맞도록 새롭게 고민해야 한다. 앞서 언급한대로 일자리를 만들어 낸다는 것은 기업이 많이 생겨야 한다는 것이고 그것은 새로운 산업이 열려야 한다는 뜻이다. 새로운 산업은 새로운 지식을 통해 열게 된다. 따라서 미래의 일자리는 미래의 지식을 먼저 펼치는 것이 당연한 수순이다. 누가 펼칠 것인가? 당연히 국가적인 주도가 있어야 할 것이다. 만들어진 틀을 성숙시키는 것은 민간에서도 할 수 있지만, 틀을 바꾸는 것은 국가의 몫이다. 지금은 산업의 틀을 바꾸어야 할 시점이고, 그러려면 먼저 지식의 틀을 새롭게 열어야 한다. 7개의 미래 지식의 그룹을 펼쳐 보았다. 이미 언급한 대로 여기 나온 지식은 우리나라만을 위한 것이다.

철학, 윤리학

홍익철학, 역사철학, 종교철학, 인간윤리학, 자연윤리학, 인류평화학, 인류종교학, 영성학

가치학, 경제학

가치학, 가치경제학, 가치문화학, 가치사회학, 가치공유학, 가치산정학, 가치기업학, 가치인간학

사회학, 정치학, 인문학

자연법학, 인류정치학, 문화복지학, 사회시스템학, 세계학, 역사문화학, 미래학

자연학, 인간학, 생물학

생명학, 정신학, 인간학, 자연의학, 자연면역학, 생물화학, 지구생태학

물리학, 에너지학

물질물리학, 비물질물리학, 물질에너지학, 비물질에너지학, 천문질서학, 우주공학, 에너지공학, 첨단실용공학

지능정보학

인공지능학, 가상현실학, 정보교류학, 두뇌정보학, 생물심리학, 인공감정학, 인공공감학, 정보보안학, 정보산업학

지구환경학

지진학, 화산학, 해양학, 기상학, 지구재난학, 대기환경학, 지구자원학, 자연순환학, 환경복원학

철학이 먼저 등장한다. 철학은 모든 학문의 기본이다. 그리고 우리의 정체성을 제시해 준다. 여태까지는 사람들은 철학은 일자리와 무관하다고 여겼다. 하지만 철학도 산업을 여는 시대가 올 것이다. 다음 페이지에 이에 대한 설명이 있다. 윤리학, 평화학, 종교학도 같은 맥락이다.

가치학과 경제학을 보자. 가치주의 시대를 열고 발전시키는 학문이다. 당연히 많은 연구가 필요하고 많은 활용이 예상된다. 생각보다 깊이가 있고 심오하며, 철학적이면서도 과학적인 측면을 다루게 될 것이다. 사회학, 정치학, 인문학을 보자. 이 분야도 별로 취업에 도움이 되지 않는다고 여겨왔던 학문이다. 우리는 법에 대해서 새로운 시도가 필요하다. 정치에서도 많은 변혁이 요구된다. 역사학과 문화학 그리고 세계학이 앞으로의 세계정세의 판도를 바꾸고 중심을 잡아간다는 것을 이해해야 한다. 이 분야에서 미래에 많은 해야 할 일들이 우리를 기다리고 있다.

자연학과 인간학 그리고 생물학을 보자. 자연학과 인간학에 대해서는 『2100년에 만난 70인 그들이 말하는 가치주의 세상(지식공감. 박명준 저)』을 참조하면 미래의 학자로부터 자세한 설명을 들을 수 있다. 여태껏 인간은 미천한 과학으로 자연으로 다스리려 했고 인간의 신체를 정복하려 했다. 물론 정복에 실패했음을 인정하지 않고 있다. 물질적인 차원의 분석으로는 한계가 있다. 의학이 변해야 한다. 동양의학과 서양의학이 만나야 한다. 생명에 대한 연구도 정신과 연관을 지어야 한다. 보이지 않는 것을 보이지 않는 대로 인정해야 한다. 생명이 무엇인지를 제대로 알아야 한다. 생명에 대한 정의가 제대로 세워져야 한다. 그다음에야 생명을 생명으로 치료하는 길이 열린다.

물리학과 에너지학을 보자. 4차 산업혁명 시대를 맞이한다고 한참 시끄럽다. 이를 대비해서 공학 교육을 강화해야 한다는 이야기가 언론에서 종종 흘러나온다. 나노공학 등의 첨단 공학이라면 수긍할 수 있겠지만, 기존에 있는 분야라면 인정하기 힘들다. 공학은 지식에서 이미 한계에 도달했기 때문이다. 물론 미지의 영역이 전혀 없다는 뜻은 아니다. 아직도 한참 발전할 영역도 분명히 있다. 하지만 공학은 공학일 뿐이다. 공학은 응용하고 활용하는 학문이라는 뜻이다. 무엇을 응용할지에 대한 것이 나오지 않으면 할 수 있는 것이 없다. 앞으로의 시대는 우주의 시대고, 하늘을 나는 다양한 비행체들과 로봇의 시대가 될 것이다. 새로운 에너지원이 원자력과 화력을 몰아내야 한다. 어떤 학문이 이러한 길을 열 것인가? 공학은 아니다. 물리학과 에너지학이다. 이에 대한 다양한 이야기들을 『2100년에 만난 70인 그들이 말하는 가치주의 세상(지식공감, 박명준 저)』에 실어 놓았다. 인류는 이 분야에 많은 지식을 열어야 한다. 한시가 급하다.

지능정보학을 보자. 인공지능 이야기다. 우리가 생각하는 것 이상으로 많은 변화가 예상된다. 로봇 산업에도 필수적이다. 많은 지식들이 나와야 할 것이다. 인공지능 기술의 발달에 두려움을 갖는 이들이 꽤 많은 것 같다. 하지만 생명이 무엇인지에 대해서 이해한다면 두려워할 이유가 없음을 알 수 있다. 인공지능은 생명을 가지지 못한 존재이기 때문이다. 지구환경학을 보자. 우리는 지구에 대해서 아직 잘 모른다. 우리가 예측하거나 대비할 수 있는 것은 정말로 미약하다. 하지만 우리는 지구의 환경을 파괴해 왔고 그 능력도 이미 심각한 수준이다. 우리는 지구를 다시 원래의 모습으로 돌아가도록 해야 한다. 재난에도 대비할 수 있는 능력을 갖추어야 한다. 인간과 자연이 어울려서 살아가는 환경으로 다시 돌아가야 한다. 많은 지식이 열려야 하고 많은 일을 해야 한다. 우리의 후손들에게 미래를 허락하기 위해서다.

자연산업	에너지산업	신운송수단	의료산업
친환경농축업	고성능 배터리	소형비행체	정보의료산업
인공광합성산업	태양광 패널	탑승용 드론	보건시스템산업
산소생산산업	친환경발전산업	미래형자동차	자연약품산업
친환경수산업	생물전기산업	특수비행체	정신의료산업
		우주비행체	

환경산업	로봇산업	지능정보산업	국가운영산업
환경주거단지조성	치안/군인용 로봇	인공지능프로그래밍	가치주의 행정체계
환경주택 건축	의료/가정용 로봇	가상현실구현	가치주의 사법체계
대기질향상산업	소방/재난용 로봇	정보통신산업	국가운영체계 구축
자연환경복원산업	환경/청소용 로봇	인공감정구현	사회 시스템 구축
	산업/건설용 로봇		

세계평화운동	교육산업
국제산업지원 운동	산업인 지식교육
국제종교평화 운동	일반인 지식교육
세계평화문화 운동	공공부문 지식교육
세계갈등해소 운동	특수 지식교육

이 페이지도 우리나라에 맞는 미래의 산업과 일자리를 제시한 것이다. 자연 산업을 보자. 누가 농업을 사양 산업이라고 했는가? 먹거리 산업인 자연 산업은 우리가 절대 포기해서는 안 되는 필수적인 산업이다. 새로운 기술로 친환경 먹거리를 제공해야 한다. 인공광합성 기술이 새로운 일자리와 먹거리를 제공할 것이다. 환경 산업을 보자. 미래 우리의 주거지는 환경주거단지가 될 것이다. 환경 주택이 건설되어서 오물을 농작물을 키우는 거름으로 만들면 오염물질 배출이 최소화될 것이다. 고효율의 태양광 패널이 외부의 에너지 공급 필요성을 최소화시킬 것이다. 오염된 자연환경을 자연 그대로 되돌리는 일도 많은 일자리

를 제공할 것이다.

에너지는 먹거리와 함께 미래의 가장 강력한 무기가 될 것이다. 고성능 축전 능력과 축전 속도 그리고 장기 저장 능력을 갖는 배터리는 반드시 우리 손으로 만들어야 한다. 화학적 방식을 배제한 친환경 배터리라면 더욱 좋다. 수많은 일자리를 만들어낼 것이다. 친환경 발전산업도, 그리고 생물전기산업도 우리 손으로 열어야 한다. 신운송수단은 미래의 교통수단을 점령할 것이다. 순수 전기차의 미래형 모델, 다양한 비행체들이 우리의 새로운 산업이 되어야 한다. 에너지선 같은 특수 비행체도, 그리고 우주로 나가는 우주비행체도 우리의 산업이 되어야 한다. 『2100년에 만난 70인 그들이 말하는 가치주의 세상(지식공감, 박명준 저)』에 관련된 이야기를 실어 놓았다.

의료산업을 보자. 자본을 위한 의료가 아닌 가치를 위한 의료로 거듭나야 한다. 올바른 치료의 길을 제대로 열면 많은 외국인들이 치료를 위해 우리나라를 방문할 것이다. 동양의학과 서양의학의 접목, 물질 의료와 정신 의료의 만남, 그리고 생활 보건으로의 전환이 국민을 건강하게 만들 것이다. 의료 정보를 공유해서 치료하는 정보의료의 구축, 보건 산업의 체계 구축 등이 또 다른 일자리를 만들어낼 것이다. 로봇산업을 보자. 수많은 로봇이 우리를 기다리고 있다. 다양한 요구로 그것들이 속히 등장하도록 불러내야 한다. 많은 공학적인 기술 발달과 적용이 요구된다.

지능정보산업을 보자. 인공지능을 말한다. 수많은 로봇의 두뇌가 될 것이다. 새롭게 등장해야 하는 수많은 시스템을 운영하는 주체자가 될 것이다. 창의적인 인재들이 만들어내는 뜻밖의 상상이 뜻밖의 발전을 이루게 할 것이다. 과연 인공감정까지도 구현할 수 있을지 기대가 된다. 교육산업을 보자. 여태껏 교육을 산업이라고 생각하지 못했다. 하지만 미래는 교육이 산업이다. 교육이 직업으로 연동되며 일자리로 연결되기에 다양한 교육이 다양한 경로를 통해서 이루어지는 세상이 되어야 한다. 단순 지식 교육이 아니다. 시험을 잘 보거나 대학 진학을 위한 교육은 더더욱 아니다. 산업현장에서의 직무를 위한 헤아릴 수도 없이 다양한 교육들, 공무를 위한 교육들, 일반 학문을 위한 교육들, 그리고 특수한 지식을 위한 교육들이다.

국가운영산업을 보자. 국가운영도 미래에는 산업이다. 정치의 체계가 산업의 영역으로 들어온다. 사법의 체계와 행정의 체계를 갖추고 운영하는 일이 산업화하며 여러 다른 나라에 수출의 길이 열릴 것이다. 우리가 바른길을 만들어 가면 된다. 널리 세상을 이롭게 하는 길을 제대로 만든다면 누구라도 찾아올 것이다. 그들의 나라에 이러한 제도가 세워지고 시스템이 구축되도록 요구할 것이다. 세계평화운동을 보자. 이것도 산업이다. 아니 산업이라기보다는 일자리다. 외교 공무로서의 일자리다. 앞으로 우리나라는 통일로 나아가야 하고, 통일 이후에 세계평화를 이끌어가는 주역이 되어야 한다. 우리의 철학이, 우리의 문화가 그리고 우리의 종교가 그 역할을 해야 할 것이다. 우리에게 가장 훌륭한 철학이 있는 이유가 여기에 있고, 모든 종교가 우리나라로 들어와서 번성한 이유가 여기에 있다. 세계 평화를 위한 수많은 일을 만들어내고 이루어 나가야 한다. 그게 한민족의 역할이다.

{ 미래 산업의 근간 }

에너지 관리

안전하고 깨끗한 생산	· 원자력 발전소 전면 가동 중지 및 폐쇄 · 화력 발전소 퇴출 · 대규모 유휴지에 태양광발전소 건설 · 풍력/조력/지열 등 친환경 발전량 증대 · 번개로부터 전기 채집 기술의 개발 및 적용
안정적인 공급 및 절약사용	· 러시아로부터 가스관 육로 연결 공급 및 가스 수급 기지 건설 · 일반 가정집의 태양광 발전설비 적용 확대 · 배터리 수송 기술로 고압전기 송전선 대체 · 낭비 없고 효율적인 에너지 사용 문화 정착
신에너지 기술연구	· 생물 전기학의 이론 수립 및 기술 연구 (인공 광합성 등) · 핵융합 등 신기술을 통한 발전 기술 연구 · 배터리 축전 능력 및 장기간 저장 능력 향상 · 가전 제품 등의 전기 사용 효율 증대

이제 미래 산업의 근간을 이루는 세 가지 부문에 대해서 언급하고자한다. 첫 번째는 에너지다. 에너지는 안전하고 깨끗하게 생산되어야 하고 안정적으로 공급되어서 알뜰하게 사용되어야 한다. 그리고 연구를통해 신에너지도 만들어 내야 한다.

안전하고 깨끗한 생산을 위해서는 원자력 발전소 전면 가동 중지 및폐쇄가 첫 번째 과제일 것이다. 석유나 석탄을 연료로 사용하는 화력발전소도 퇴출되어야 하며, 대규모 유휴지(遊休地)에 태양광발전소를 건설해야 한다. 풍력, 조력, 지열 등 친환경 발전량도 증대해야 하며, 번개로부터 전기를 채집하는 기술도 개발해서 적용해야 한다. 『2100년에만난 70인 그들이 말하는 가치주의 세상(지식공감, 박명준 저)』에 관련된 이야기를 서술했다.

안정적인 공급 및 절약 사용을 위해서는 통일 이후에 러시아로부터가스관 육로 연결 공급 및 가스 수급 기지 건설을 추진한다. 일반 가정집의 태양광 발전설비의 적용을 확대하고, 배터리 수송 기술 도입을 통해서 고압전기 송전선을 모두 없애야 한다. 낭비 없고 효율적인 에너지사용 문화도 정착해야 한다.

신에너지 기술 연구는 생물 전기학의 이론 수립 및 기술 연구(인공 광합성 등), 핵융합 등 신기술을 통한 발전 기술 연구가 필요하다. 배터리축전 능력 및 장기간 저장 능력 향상, 그리고 가전제품 등의 전기 사용효율 증대도 꼭 필요하다.

친환경적 식량과 물 생산	· 밀집사육 → 자연사육 · 유전자조작작물 퇴출 → 상업적 용도의 유전자 조작 금지 · 농약 없는 작물 재배 · 친환경 비료 사용 · 상수원 환경 청정 확보 · 산림 면적 증대 · 강 주변 인공 시설 퇴출
완전한 자급자족	· 자연산업에 대한 올바른 가치 평가 · 종자의 완전한 국산화 품종 개량 연구 · 일정 면적 이상의 곡물재배 면적 확보 · 주요 곡물 생산량 증대 · 인공 강우 및 바닷물의 담수화 기술 확보
재난대비 저장과 비축	· 곡물의 장기 비축 방법 개발 및 저장소 구축 · 종자 저장 은행 구축 · 곡물 장기 비축 시행 · 일조량 부족 등 재해 시 생산 가능한 종자 연구 · 누수 방지 및 청정 급수를 위한 수도관 교체 · 강 주변 주거지 퇴거

미래 산업의 근간을 이루는 두 번째 부문은 식량 및 수자원 관리다. 이를 위해 세 가지 항목을 추진해야 한다. 친환경적인 식량과 물 생산이 첫 번째다. 완전한 자급자족이 두 번째며, 재난 대비 저장과 비축이 세 번째다. 친환경적인 식량과 물 생산을 위해서 다음의 몇 가지 항목을 추진한다. 가축의 밀집 사육을 자연 사육으로 변환, 유전자조작작물 퇴출(상업적 용도의 유전자 조작 금지), 농약 없는 작물 재배, 친환경 비료 사용, 상수원 환경 청정 확보, 산림 면적 증대, 그리고 강 주변 인공 시설 퇴출이다. 완전한 자급자족을 위해서도 다음의 몇 가지 항목을 추진

한다. 자연산업에 대한 올바른 가치 평가, 종자의 완전한 국산화, 품종 개량 연구, 일정 면적 이상의 곡물 재배 면적 확보, 주요 곡물 생산량 증대, 그리고 인공 강우 및 바닷물의 담수화 기술 확보를 하는 것이다.

재난 대비 저장과 비축을 위해서도 다음의 몇 가지 항목을 추진한다. 곡물의 장기 비축 방법 개발 및 저장소 구축, 종자 저장 은행 구축, 곡물 장기 비축 시행, 일조량 부족 등 재해 시 생산 가능한 종자 연구, 누수 방지 및 청정 급수를 위한 수도관 교체, 강 주변 주거지 퇴거다.

환경 및 국토 관리

깨끗한 대기환경 조성	· 황사 및 미세먼지 발원지의 초목화 프로젝트 · 산림 면적 증대 및 산림건강의 증진 · 주거 지역의 수풀 조성 비율 증대 · 대규모 산소 공급을 위한 조림 구역 운영 · 공해 유발 자동차 퇴출
지극히 보수적인 국토개발	· 국가 주도형 국토 개발 · 사업의 당위성 검증 · 국가 재정 건전성 검증 · 환경 영향 평가 검증 · 국토 개발 장기 로드맵과의 부합성 검증 · 연관 사업과의 시행 시점 조정 · 관련 기관 동의 및 협조
빈틈없는 천재지변 대비	· 환경관제청의 역할 증대 : 기상 뿐만 아니라 지진, 화산, 해일, 화산재 관측 · 지진, 화산, 해일 등 자연 재해의 연구 및 예측 프로그램 가동 · 지진이나 해일 시 2차 피해 발생 없도록 원자력발전의 완전한 퇴출

미래 산업의 근간을 이루는 세 번째 부문은 환경 및 국토 관리다. 이를 위해 세 가지 항목을 추진한다. 깨끗한 대기 환경 조성이 첫 번째고, 지극히 보수적인 국토 개발이 두 번째며, 빈틈없는 천재지변 대비가 세 번째다.

먼저 깨끗한 대기 환경 조성을 위해서는 다음의 사항들을 추진해야 한다. 황사 및 미세먼지 발원지의 초목화 프로젝트, 산림 면적 증대 및 산림 건강의 증진, 주거 지역의 수풀 조성 비율 증대, 대규모 산소 공급을 위한 조림 구역 운영, 공해 유발 자동차 퇴출이다. 미세 먼지와 황사 문제를 해결하기 위해서는 주 발원지인 중국 정부와의 사막 지역 초목화 추진 협의가 필수적이다.

두 번째, 지극히 보수적인 국토 개발을 위해서 국토 개발은 민간이 아닌 국가가 주도해야 해야 할 것이다. 개발의 과정에는 다음의 검증은 필수적이다. 사업의 당위성 검증, 국가 재정 건전성 검증, 환경 영향 평가 검증, 국토 개발 장기 로드맵과의 부합성 검증, 연관 사업과의 시행 시점 조정, 관련 기관 동의 및 협조다. 모든 검증을 통과해야만 국토 개발을 시행한다. 개발의 의미는 환경 파괴가 아니라 인간과 자연이 함께 살아가는 좀 더 나은 환경을 찾는 것이다.

세 번째, 빈틈없는 천재지변 대비를 위해서는 다음의 사항들을 추진해야 한다. 환경관제청의 역할 증대를 통해서 기상뿐만 아니라 지진, 화산, 해일, 화산재를 관측한다. 그리고 지진, 화산, 해일 등 자연재해의 연구 및 예측 프로그램을 가동한다. 단 몇 문장으로 간단하게 표현했지만, 단시일 내에 될 수 있는 일이 절대로 아니다. 엄청난 연구와 노력이 요구된다. 수많은 도전과 시행착오를 예상해야 할 것이다. 지진이나 해일 시 2차 피해 발생이 없도록 원자력발전의 완전한 퇴출도 필수적인 수순이다.

가치주의가 제대로 정착하려면 정치가 변해야 한다. 선거제도, 국회, 사법제도에서 제시하는 낯선 개념에 당황하지 말자. 자연 그대로의 원리를 적용한 것뿐이다. 교육은 직업과 연계가 되어야 하고 교육의 기회는 언제나 열려 있어야 한다. 돈이 목적이 되는 의료가 아닌 올바른 치료가 전부인 보건이 되어야 한다. 그 누구라도 서로 도움을 주며 사는 사회, 가치주의 민생과 복지도 살펴보자.

CHAPTER 05

가치주의 국가

01

{ 가치주의 선거 }

선거제도 (기존 방식)

이제 정치에 대한 이야기를 시작하고자 한다. 변화의 대상에서 정치라고 예외는 아니다. 가치주의가 제대로 정착하기 위해서는 정치의 변화도 필수적이다. 다음의 그림을 보자. 지금의 선거제도를 나타내고 있다. 국회의원 선거나 지방자치단체장 선거, 그리고 대통령 선거도 마찬가지다. 출마하려면 정당의 지역구 공천을 받아야 한다. 비례대표 공천을 받아도 된다. 이마저도 실패하면 무소속으로 출마가 가능하다. 물론 어느 경우라도 재력이 많이 필요하다. 선거 비용이 많이 들기 때문에 일반인들은 상상하기 힘들다. 즉, 출마해도 당선되기 힘들고, 돈만 허비하게 된다는 뜻이다.

누구라도 돈만 있으면 선거에 입후보할 수 있는 길이 있다는 뜻이다. 돈이 없더라도 인기가 좋으면 된다. 돈과 인기가 있으면 금상첨화다. 투표권자들이 눈과 귀에 익숙한 후보자를 선택하려 하기 때문이다. 아무리 자질이 뛰어나도 소용없다. 아무리 인격이 훌륭해도 도움이 전혀 되지 않는다. 해당 업무에 탁월한 경험과 능력이 있어도 알아주는 이는 아무도 없다. 그저 이름이 나고 인기가 있어야 한다. 그리고 무지막지한 돈이 있어야 한다. 애초에 권력의 자리는 그런 사람들로 결정되는 지금의 선거 제도다.

선거제도 (부화방식)

가치주의 선거제도를 살펴보자. 가치주의에서는 부화방식의 선거를 치르게 된다. 처음 들어보는 용어일 것이다. 병아리가 알껍데기 깨고 밖으로 나오기까지는 환경과 조건을 적절하게 맞추어 주는 부화의 과정을 겪어야 한다. 그것을 표현한 말이다. 부화의 과정은 3단계이다. 대통령 출마의 경우를 위주로 설명하고자 한다.

- 직무능력 함양 및 검증 ▸▸▸▸ 비전과 정책 제시 ▸▸▸▸ 자격과 인격 검증 ▸▸▸▸ 출마 ▸▸▸▸ 당선

· 직무별   · 비전 및   · 홍익활동
  교육이수   정책 검증   가치활동
  및 평가   이력 조회

대통령, 국회의장, 국회의원, 대법원장, 검찰총장, 지방자치단체장, 지방의회의원…
→ 3단계의 검증된 후보 중 당선

대통령 후보자

1. 필수 직무교육 : 강좌개설(해당 행정부서)
: 국제/외교, 국방/안보, 내무/행정, 가치경제/산업, 교육/과학기술, 의료/보건, 법무/치안, 재난/안전…
2. 국정운영의 비전 및 정책 제안
: 미래를 위한 국가운영회의(국회) 발의 → 질의/응답/보완 → 국가운영시스템(공개)

먼저, 직무 능력 함양의 과정을 밟아야 한다. 교육을 받고 그 능력을 검증받아야 한다는 뜻이다. 입후보하고자 하는 자리에 따라서 교육의 항목이 달라진다. 교육부 주관하에 각 행정부와 입법부 사법부 또는 다른 공공기관에서 교육의 기회가 열려 있다. 누구라도 참여할 수 있지만 모든 과정을 다 이수하려면 시간이 많이 필요하다. 각 부문에서 이론 및 실무의 교육을 모두 이수하고 검증 과정까지 거쳐서 통과하면 첫 번째 부화의 관문이 통과되는 것이다. 대통령이 되려면 국제 및 외교, 국방 및 안보, 내무 및 행정, 가치경제, 산업, 교육, 과학 기술, 민생 및 복지, 의료 및 보건, 법무 및 치안, 재난 및 안전 등 받아야 할 교육이 엄청나게 많다. 아무것도 모르는 상태에서 대통령이 되고 나서야 공부해서 직무를 수행하는 하는 것이 절대로 아니다. 대통령이 되고자 한다면 거의 모든 분야에 대해서 탁월한 지식을 미리 갖추는 것은 기본 중의 기본이다.

두 번째 부화의 관문은 정책 및 비전을 제시하는 것이다. 대통령이 되고자 한다면 스스로 국가의 나아갈 비전을 품고 있어야 한다. 그 비전은 맑고 선명한 빛처럼 국민들의 앞길을 환하게 비출 수 있어야 한다. 이 비전에 맞추어서 국정 운영의 기조(基調)를 세우고 정책들을 제시해야 한다. 국정의 비전과 철학이 명확하지 않으면, 올바르지 않으면, 그리고 시대의 정신을 제대로 담아내지 않으면, 막상 대통령이 되어도 소신을 지키지 못하고 흔들리는 갈대로 전락할 것이다. 국민들의 마음을 하나로 이끌지도 못할 것이다. 대통령이 되고자 한다면 국정 운영의 비전과 정책을 국회에서 제안하고 검증하는 과정을 통과해야 한다. 가치주의 국회에는 미래를 위한 국정운영회의를 마련하고 있고, 여기에서 후보자가 되고자 한다면 비전을 제안하고 질의 응답과 이를 보완하는 과정을 반드시 거쳐야 한다. 보완되어 마무리된 국정 운영의 기조와 정책은 국가운영시스템에 등록되어 공지되고 누구라도 볼 수 있으며, 당사자가 후보자로 입후보하면 공약이 된다.

세 번째 부화의 관문은 자격과 인격의 검증이다. 살아온 이력이 공개되는 것이다. 이미 가상가치관리시스템과 홍익지수관리시스템을 통해서 모든 삶의 이력이 등록되어 관리되고 있기 때문에 공직자로서 그것도 대통령으로 입후보하면 모든 필요한 정보가 공개되어 국민들의 검증을 거치게 된다. 어떠한 사회적 가치를 창출하며 삶을 살아왔는지, 다른 사람들은 도우며 살아왔는지, 필요한 모든 것이 드러나기 때문에 공직에 진출하고자 한다면 올곧고 사회에 도움을 주는 삶으로 오랜 기간 준비가 되어 있어야 한다.

이 세 가지 관문을 통과하면 그제야 입후보를 할 수 있다. 입후보자는 힘든 과정이지만 돈이 많이 들거나 인기가 필요하지도 않다. 선거를 위해 들어가는 국가의 세금도 낭비되지 않는다. 이런 과정을 통과하기가 상당히 어렵기 때문에 돈과 인기로 권력을 잡는 방법은 가치주의에서는 불가능하다. 투표하는 국민들은 오히려 편하다. 검증된 내용만 읽어보면 쉽게 판단이 된다. TV 토론을 굳이 열심히 들어야 할 필요가 없다. 이런 부화의 과정을 거치는 중에 후보자가 될만한 사람들은 이미 언론에 오르내리게 되고 오랜 기간을 거쳐 제대로 된 검증이 손쉽게 이루어진다.

선거 제도 (투표권자 중심의 투표)

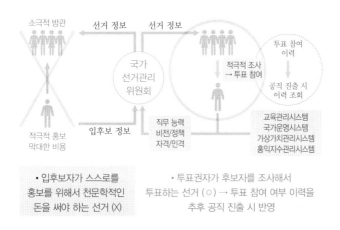

가치주의 선거의 두 번째 특징은 투표권자 중심의 투표다. 지금의 선거는 무지막지한 돈이 들어간다. 돈이 없으면 입후보도 못 하지만 당선이 되기는 거의 불가능하다. 이름이 나지 않는 한 능력도 인격도 자질도 아무 도움이 되지 않는다. 후보자가 자신의 이름을 직접 홍보해야

하기 때문이다. 이것이 기존에 이름난 정치인들이 계속 그 자리를 유지할 수 있는 이유다.

가치주의에서는 후보자가 돈을 들여서 홍보하는 것이 아니다. 선거용 벽보도 만들지 않고, 선거공보도 보내지 않으며, 그 누구라도 어떠한 선거 비용 보전도 제공되지 않는다. 그 이유는 후보자의 홍보가 아닌 국민이 스스로 후보자를 조사해서 투표에 임해야 하는 방식이기 때문이다. 국가선거관리위원회에서는 선거 관련 정보를 온라인과 각종 매체를 통해서 공지한다. 다음 페이지에 설명할 이야기지만 온라인으로만 투표하기 때문에 국민들은 반드시 온라인에 익숙해져야 한다. 스스로 후보자의 정보에 대해서 적극적으로 찾아보고 조사한 후에 투표에 임하는 것이다.

투표에 참여하지 않으면 이 이력이 그대로 남는다. 특별히 공직 진출을 원한다면 투표 참여 이력이 상당히 중요하다. 그리고 투표 시에 기본적인 사전 정보 조사에 대한 간단한 시험의 과정을 거쳐야 투표권이 주어진다. 최소한 어떤 후보자가 출마했는지, 아주 쉬운 질문이지만 이 질문을 통과하지 못하면 투표권이 주어지지 않는다. 투표권자는 투표하려면 사전에 후보자에 대해서 공부해야 한다. 온라인을 사용할 수 없을 정도로 인지 능력에 문제가 있다면, 또는 후보자 정보를 검색하는 것조차 게을리하는 투표권자가 있다면 투표권이 주어지지 않는 것이 올바르기에, 다른 어떠한 방식으로도 투표의 편의를 제공하지는 않는다. 투표는 정보와 판단 능력이 기본이기 때문이다. 가치주의 선거는 돈이 전혀 들지 않는 선거.

선거 제도 (다수 투표)

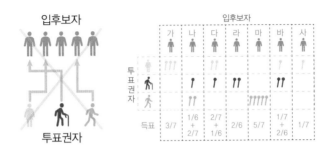

- 반드시 1명을 선택해서 투표 (X)
- 원하는 후보를 다수 투표 : 투표자의 의중 제대로 반영 (○)
- 투표권자 한 명의 전체 투표를 한 표로 계산 및 집계

가치주의 선거의 세 번째 특징은 다수투표다. 지금의 투표는 투표권자가 무조건 1명의 후보를 선택해야 한다. 마음에 들건 들지 않건 단한 명만을 선택할 수 있다. 만약에 여러 후보한테 마음이 조금씩 있어도 오직 한 명만을 택해야 한다. 투표권자의 마음을 제대로 담아내지 못하는 선거 제도다.

가치주의에서는 다수 투표가 가능하다. 원하는 후보자를 여러 명 선택할 수 있는 것이다. 위의 그림에서 투표권자 그림에서 가장 위에 있는 여자 투표권자가 '가' 후보에게 3표를 주었고, '다' 후보에게 2표를 주었다. 그리고 '바'와 '사' 후보에게 각각 1표씩을 주었다. 투표자의 투표수는 1표이기 때문에 '가' 후보에게는 3/7표가 반영되고, '다' 후보에게는 2/7표가 반영되며, '바'와 '사' 후보에게는 각각 1/7표가 반영된다. 각후보자는 이런 식으로, 모인 표의 합산을 통해 최종 득표를 얻게 된다. 이 방식은 투표권자의 의중을 제대로 반영할 수 있다. 어느 후보에게 얼마만큼의 마음을 주고 싶은지 모든 의중을 다 담아낸다. 단 온라인 투표에서만 가능하다. 종이로 투표하는 방식에서는 이런 투표 방식 구현이 불가능하다.

따라서 가치주의에서는 완전한 온라인 투표가 이루어져야 하고, 해킹이나 보안의 문제가 없으며, 결과조작이 불가능한 완벽한 투표관리시스템을 만들어 내야 한다. 그렇게 된다면 선거에 허비되는 비용은 거의 없을 것이다. 후보자도 비용이 들어가지 않으니 선거 비용 보전도 필요 없고, 투표지 인쇄, 투표소 운영, 개표 인력 운영도 필요 없고, 벽보나 선거공보가 만들어지고 배송될 필요가 없기 때문이다. 선거를 치르기 위해서 엄청난 세금을 쏟아붓고 낭비하는 지금의 현실이 무척이나 안타깝다.

다수결 ⇨ 비례결, 합의결, 조건결, 능력결

우리는 누구나 다수결이 만능이라고 여긴다. 결정이 필요한 거의 모든 일에 다수결을 채택하면서 아무런 의심을 하지 않는다. 과연 다수결이 최선의 결정 방식일까? 다수결은 진실과 올바름을 나타내지는 않는다. 단지 많은 사람들이 원하는 방식일 뿐이다. 잘못된 결정일 수도 있다는 뜻이다.

비례결을 보자. 선택한 비율을 결정에 그대로 적용하는 것이다. 사람들의 의중을 제대로 반영하지만, 어느 것 하나를 반드시 골라내야 하는 경우는 적용하기 힘들다.

합의결을 보자. 시간을 들여서 합의하는 과정을 갖는 것이다. 시간과 노력이 필요하지만 좀 더 현명한 선택을 할 수 있고 결정 이후에 사람들의 마음을 하나로 통합할 수 있다는 장점이 있다.

조건결을 보자 결정의 방식이 조건에 따라 달라지는 것이다. 두 가지 상충하는 의견이 있지만, 환경과 조건이 맞는 의견이 반영되고 조건이 바뀌면 결정도 달라진다는 뜻이다. 능력결을 보자. 누구에게나 공평하게 한 표씩을 부여하는 방식이 아니라 능력에 맞게 투표권이 달라진다는 뜻이다. 전문적인 지식을 요하는 경우에 대한 선택은 아무래도 전문가에게 더 많은 선택권을 준다는 뜻이다.

가치주의에서는 다양한 결정 방식을 적용한다. 다수결도 물론 포함된다. 여러 방식이 동시에 적용되기도 한다. 이제부터는 우리가 그동안 써왔던 방식에 대해서 다시 한번 고민해 볼 때가 되었다.

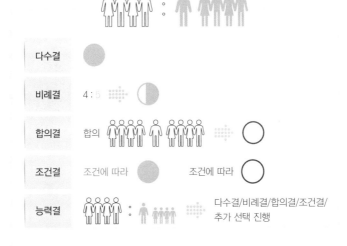

가치주의에서는 다수결뿐만 아니라 경우에 따라서 가장 합리적인
결정 방법을 단수 혹은 복수로 취사 선택

02

가치주의 국회

기존의 국회

정치인들은 대의 민주주의를 칭송하고 떠받든다. 대의 민주주의가 무엇인가? 국민이 주인인 민주주의이기는 한데 국민의 뜻을 누군가 대신 반영한다는 이야기다. 과거에는 이런 모습이 어쩔 수 없는 현실이었다. 일반 국민이 자신의 생각을 정치에 반영할 방법이 없었기 때문이다. 누군가 대리인을 세워서 그들로 하여금 대신 자신의 뜻을 반영하기를 바랄 수밖에 없었다.

하지만 시대가 바뀌어서 인터넷과 스마트폰 그리고 SNS에 누구라도 접근하고 이용할 수 있는 세상이 되었다. 정보가 모두 실시간으로 공유되고 나눌 수 있는 세상이 되었다. 자신의 생각을 누군가에게 맡길 필요가 없어진 것이다. 그저 표현하면 된다. 정보를 취해서 그에 대하여 반응하면 된다. 하지만 정치의 모습은 어떤지 살펴보자.

대의 민주주의

정당주의

정당지역구 선출
비례 대표 주의

국회의원 특권

정당
지도부
의중

당리
당략

공천
잡음

지역
이기주의

국민의
뜻

　지금의 국회의 모습을 보자. 누군가의 뜻을 대변한다는 정당이라는 것이 있다. 그리고 정당의 지도부가 있다. 정당에 속한 국회의원들은 정당 지도부의 눈치를 살핀다. 국민의 눈치는 뒷전이라는 뜻이다. 당의 이익이 최우선이다. 국민의 이익은 굳이 따지지 않는다는 것이다. 지역주의가 굳건한 것은 정당의 존속 기반을 지역을 통해서 확고하게 자리 잡아야 정당의 생명력이 튼튼하고 오래가기 때문이다. 지역구를 통해서 선출된 국회의원은 다음번 선거를 대비해서 그 지역만을 위한 정책 추진에 최우선이다. 국가의 나아갈 방향이 아닌 지역주의만을 바라보고 있는 것이다. 그리고 수많은 국회의원의 특권은 과연 올바른 것인가?

　이제는 대의민주주의를 버리고 직접민주주의로 가야 한다. 국민 모두의 뜻이 그대로 반영되는 국회가 되도록 필요한 것은 모두 뜯어고쳐야 한다. 지역 이기주의와 당리당략, 그리고 필요 없는 특권은 싹 몰아내야 한다.

직접 민주주의

정당주의 폐지 / 1인 정당 — 정책별 이합집산 ⟶ 국민의 뜻을 반영하는 정책

공천 없음 / 인원 확정 후 다수투표 — 의정활동 점수산정 후 선별 ⟶ 지역주의 소멸 국민전체가 유권자

부화방식 선출 — 직무강좌 이수 / 정책법안 발의 ⟶ 검증된 적임자 선출

국회의원 특권 축소 — 활동가치 = 세비 / 면책특권 여론확인 ⟶ 정치인과 국민이 동등한 시대

　가치주의 국회는 어떠한 모습이어야 할까? 최종 목표는 직접 민주주의의 확실한 실현이다. 우선 정당은 모두 해체된다. 국회의원 개개인이 1인 정당이라고 보면 된다. 국회의원들이 정당의 눈치를 볼 필요가 없으니 국민의 눈치를 보게 된다. 사안에 따라서 정책에 따라서 개별 국회의원들이 이합집산하는 형식을 취하게 된다. 정당이 소멸하면 수많은 정당 사무실 운영, 정당 인원 운영, 정당 모임과 집회에 들어가는 비용이 전혀 들지 않게 된다. 개별 국회의원들이 모두 국민의 눈치만을 보게 되니 어떠한 외압에도 국회 전체의 의견은 항상 국민의 의견을 반영하게 된다.

국회의원 선출도 인원 확정 및 다수 투표라는 방식으로 바뀌게 된다. 다수 투표에 대해서는 앞에서 설명해 놓았다. 인원 확정이라는 것은 현재의 국회의원 중에서 기준 점수 미달자를 탈락시킴으로써 새로 선출해야 하는 국회의원의 정수를 산정히는 과정이다. 먼저 현재의 국회의원들에 대해서 의정 활동에 대한 개별적인 점수가 매겨진다. 의정 활동 기간에 제출한 법안의 총 가치, 즉 얼마나 널리 세상에 유익을 주는 법안인지를 산술적으로 총 합산하는 것이다. 상임위원회 활동, 국가 예산 심의, 청문회 등 개별적인 의정 활동에 대한 평가, 직접 혹은 간접적인 부정부패의 연루 여부, 기타 도덕적인 혹은 윤리적인 문제 여부, 범죄 등의 연루 여부, 국회회기 중 출석일 등도 객관적인 점수로 관리한다. 그래서 국회의원 임기 중의 총 점수가 기준 점수에 미치지 못하면 다음 회기로의 국회의원직 연임에서 탈락하게 된다. 자발적이든지 아니면 기준 점수에 미달하여서든지 국회를 떠나는 의원의 총수가 다음 회기 선출해야 할 국회의원의 숫자가 된다.

그다음은 새로 국회의원이 되고자 하는 준비된 분들의 지원을 받는다. 물론 부화 방식의 검증 과정을 이미 통과한 후보들이다. 부화 방식과 다수 투표는 앞서 설명한 내용대로다. 정리해 보면, 선출해야 할 국회의원 수를 확정하고, 자격을 갖춘 자의 입후보를 받은 후에 다수 투표를 통해서 선출하는 것이다. 지역구 공천, 비례 대표 공천은 사라지고, 투표도 온 국민이 지역 구분이 없이 단일 선거구인 셈이다. 지역 구분이 소멸하니 지역 이기주의가 사라지고, 모든 국회의원들이 국민 모두의 눈치를 보게 되니 국민 전체의 뜻이 왜곡 없이 정치에 반영될 수 있는 구조다.

국회의원들이 가지던 많은 특권이 축소되거나 사라진다. 세비는 활동 가치를 산출해서 책정하기 때문에 가치 있는 활동만큼만 가상가치를 받게 되고, 연금 수령은 존재의 근거가 없으므로 폐지된다. 각종 활동 경비에 대해서는 지급할만한 명확한 활동 근거를 제시하면 받을 수 있고, 지급 근거가 부족하면 지급이 거부된다. 불체포 및 면책 특권에 대한 분별이 필요할 때는 국민의 여론을 물어서 국민이 불체포나 면책을 거부하면 적용되지 않도록 한다.

03

{ 가치주의 행정부 }

행정 조직 재정비

가치주의 행정부에 대해서 알아보자. 가치주의라고 해서 반드시 이렇게 되어야 한다는 것은 아니다. 행정부 본래의 기능 중 부족한 것은 보완하고 필요 없는 것은 없앤다는 뜻이다. 잘못된 요소는 고치고 제자리에 바로 잡는다는 뜻이다. 먼저, 국가의 모든 정보를 관할하는 국가정보원은 사라지고 국가기록원에서 원래의 목적에 부합하는 필요한 일을 관장하게 된다. 방송통신위원회도 사라진다. 감사원은 감사의 기능에 충실하도록 입법부인 국회로 이관된다.

행정부의 법무부 산하의 검찰청은 대법원으로 자리를 옮기고 수사권을 경찰청으로 넘긴다. 기소권은 그대로 유지하며, 수사요청권을 갖는다. 검찰청이 빠지고 나니 법무부가 행정부 산하에 있을 이유가 마땅치 않아서 대법원 산하의 법무행정청이라는 이름으로 자리를 옮기게 된다. 행정자치부는 내무부라는 이름으로 다시 바뀐다. 그 산하의 경찰청은 둘로 쪼개져서 그 하나는 치안만을 담당하는 치안청이라는 이름으로 바뀐다. 다른 하나는 검찰로부터 수사권을 이양받고 자리를 대법원 산하로 옮기게 되며 경찰청이라는 이름을 그대로 사용한다.

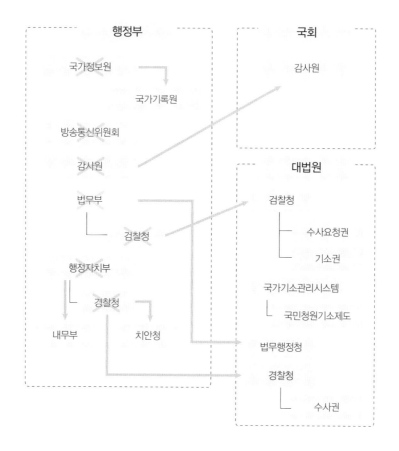

가치주의 행정부 조직

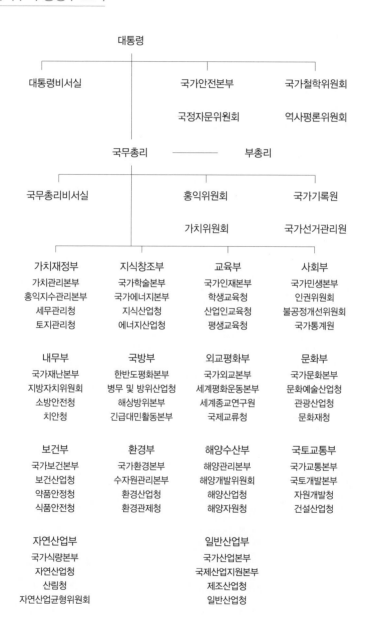

대통령

대통령비서실

국가안전본부　　　국가철학위원회

국정자문위원회　　　역사평론위원회

국무총리　——　부총리

국무총리비서실　　　홍익위원회　　　국가기록원

가치위원회　　　국가선거관리원

가치재정부
가치관리본부
홍익지수관리본부
세무관리청
토지관리청

지식창조부
국가학술본부
국가에너지본부
지식산업청
에너지산업청

교육부
국가인재본부
학생교육청
산업인교육청
평생교육청

사회부
국가민생본부
인권위원회
불공정개선위원회
국가통계원

내무부
국가재난본부
지방자치위원회
소방안전청
치안청

국방부
한반도평화본부
병무 및 방위산업청
해상방위본부
긴급대민활동본부

외교평화부
국가외교본부
세계평화운동본부
세계종교연구원
국제교류청

문화부
국가문화본부
문화예술산업청
관광산업청
문화재청

보건부
국가보건본부
보건산업청
약품안정청
식품안전청

환경부
국가환경본부
수자원관리본부
환경산업청
환경관제청

해양수산부
해양관리본부
해양개발위원회
해양산업청
해양자원청

국토교통부
국가교통본부
국토개발본부
자원개발청
건설산업청

자연산업부
국가식량본부
자연산업청
산림청
자연산업균형위원회

일반산업부
국가산업본부
국제산업지원본부
제조산업청
일반산업청

가치주의 정부의 조직을 보자. 대통령 산하에는 대통령 비서실과 국가철학위원회, 국정자문위원회, 역사평론위원회 및 국가안전본부가 있다. 국무총리 산하에는 국무총리 비서실과 홍익위원회, 가치위원회, 그리고 국가기록원과 국가선거관리원이 있다. 정부의 구성은 가치재정부, 지식창조부, 교육부, 사회부, 문화부, 내무부, 국방부, 외교평화부, 보건부, 환경부, 해양수산부, 국토교통부, 자연산업부, 일반산업부 이렇게 총 14개의 부서로 되어 있다. 과거에 있었던 감사원은 국회로 그 기능이 이관되었고, 대통령경호실은 대통령비서실에 그 기능이 통합되었고, 국무조정실은 국무총리 비서실에 그 기능이 통합되었다. 국정원, 방송통신위원회 등 불필요하거나 가치주의가 적용되면서 그 역할이 마땅하지 않은 정부 부처는 모두 정리가 되었다.

정부의 각 부서 및 그 역할에 대해서 개략적으로 살펴보자. 대통령 산하 조직으로 국가철학 위원회는 국가의 나아갈 방향과 국정의 기조에 대한 미래적이고 장기적인 비전을 제시하는 역할을 하게 된다. 국정의 원로급들과 국가 최고의 지성들이 위원회를 구성하며, 대내외적으로 중요한 시점에 국가 철학의 방향을 논하고 국정의 기조를 점검하며 미래의 비전을 열어가는 역할을 하게 된다. 국정자문위원회는 대통령이나 국무총리에게 국정에 대해 자문을 하는 역할을 한다. 국정자문위원회는 정치, 사법, 외교, 안보, 국방, 사회, 문화, 과학, 산업, 교육, 보건, 복지, 환경, 행정, 국토, 해양 등 국가에서 다루어야 하는 모든 분야에 대해서 학식과 시견 및 경륜을 두루 갖춘 전문가들이 맡게 된다. 역사평론위원회는 중요한 국내외적인 국가 시책이나 외교 사안에 대해서 적절한 시점에 역사적인 평론을 내는 역할을 하며, 역사학자들로 구성된다. 국가안전본부는 전쟁이나 테러 등 국가의 안전이 위협을 받게 되면 이에 대한 대책 마련 및 대응 방향 설정을 하게 되는 국가 안전의 최고 회의 기구다. 국무총리 산하 조직으로 홍익위원회는 국민의 홍익활동을 장려하며 올바른 홍익 평가를 관장하는 역할을 하게 된다. 가치위원회는 국민의 건전한 가치활동이 올바르게 평기를 받을 수 있도록 사회의 각 분야를 점검하며 이를 통해서 가치주의가 바르게 실현되도록 하는 역할을 한다. 국가기록원은 기록에 남겨야 할 모든 국가적인 정보를 수집하여 기록하고 보전하는 역할을 한다. 국가선거관리원은 국가의 선거를 주관하는 역할을 하게 된다.

행정부 산하부서는 14개로서 그 업무 영역에 따라 체계적으로 분류되어 있다. 그 업무 영역에 따라 체계적으로 개편되었으며, 긴급 사태시나 중요 업무에 대응을 위해서 각 부서의 산하에 본부라는 것을 두고 있고, 위원회나 원 또는 청을 두고 있다. 가치재정부는 국가의 재정을 운영하고 세무를 담당해서 국가의 기능이 올바르게 제공되도록 하며, 가치주의 경제하에서 국민의 삶의 바탕을 제공하는 역할을 하게 된다. 지식창조부는 국민의 지식창출 활동을 국가적으로 선도해서 우리나라가 최고의 지식을 창조하는 국가가 되도록 하는 중요한 역할을 하게 된다. 교육부는 국가의 인재를 키워내며 그 직업이나 가치활동의 이력을 관리해 주고, 학생들의 교육, 산업인들의 교육, 일반인이나 장애인들의 교육을 관장하는 역할을 하게 된다. 사회부는 국민의 삶의 실질적인 질을 관찰하고 이를 높일 수 있는 활동들을 통해서 국민의 복지와 사람다운 삶을 관장하는 역할을 하게 된다. 문화부는 우리나라의 건전한 문화를 꽃피우고 예술을 장려하며, 이를 세계에 전해서 인류 문화의 발전에 이바지하는 역할을 하게 된다.

내무부는 국가의 모든 내무 업무를 담당하고 국가 재난의 예방과 해결을 관장하며, 지방자치단체와의 상부상조를 주도하고, 국가와 국민의 소방안전과 치안을 책임지는 역할을 하게 된다. 국방부는 국가의 평화유지를 위한 제반 업무를 담당하고 대한민국 국군과 군수용품 관련 방위사업을 맡고 있으며, 국가 재난 등의 긴급한 상황에서 군대가 대민활동을 할 수 있도록 관장하고 있다. 외교평화부는 과거의 외교부가 이름이 개편된 부서로서 국가의 모든 외교업무를 담당하고, 여러 나라가 협력해서 추진하는 세계평화 운동을 주도하는 역할을 하며, 고질적인 분쟁국들의 평화를 위해 세계의 종교에 관한 연구도 담당한다. 보건부는 국가와 국민의 보건과 방역을 담당하며, 보건 관련 산업을 관장하고 약품과 식품의 안전을 책임지게 된다. 환경부는 국가의 대기 질 향상을 위한 제반 활동을 주관하고, 국가의 수자원을 체계적으로 관리하며, 환경 관련 산업을 관장하고, 기상과 지진 그리고 화산 등의 환경 변화를 관측하고 알리며, 이에 대한 대비를 주관하게 된다.

해양수산부는 국가 및 민간의 모든 해양 및 해양 활동을 관리하고 해양 개발과 산업을 관장하며, 해양 자원의 친환경적인 발굴과 개발을 주도하게 된다. 국토교통부는 지상과 지하 및 하늘을 망라한 국가의 모든 교통체계를 개발하여 갖추고 체계적으로 관리하며, 국토와 자원의 친환경적인 개발과 관련 산업을 주관하게 된다. 자연산업부는 국가의 식량을 체계적으로 관리해서 국제적인 식량 재난에 대비하는 중요한 역할을 하며, 관련 산업의 균형과 친환경적인 발전을 체계적으로 주도하고, 국가의 산림육성도 관장하게 됩니다. 일반산업부는 제조산업과 서비스 산업을 주로 담당하며 분야와 관계없이 국가산업의 전반을 담당하게 된다. 산업부문에서 대한민국의 국제적인 역할을 위해 국제산업을 육성하고 지원하는 일도 맡게 된다.

04

가치주의 사법 제도

법과 사법 제도의 변화

지금의 법을 살펴보자. 공법에는 헌법, 행정법, 형법, 형사소송법, 행정소송법, 민사소송법이 있다. 사법에는 민법과 상법이 있다. 사회법에는 노동법, 경제법, 사회보장법이 있다. 이름만 읽어 봐도 상당히 복잡하지 않은가? 내부를 더 들여다보면 문제점들이 보인다. 법조문이 불완전하거나 복잡하거나 난해하다는 것이다.

법조문의 불완전성이라는 것은 현재 제정되어 시행되고 있는 법이 완전하지 않고 허점이 많이 있다는 뜻이다. 법 자체가 헌법의 취지에 부합하지 않는 경우가 있거나, 법의 조항들이 완벽하지 않아서 이를 해석하는 것이 해석자에 따라서 일정하게 되지 않는 때도 있다. 법 조항 자체가 빈 구석들이 많아서 법 조항 사이로 회피할 수 있는 여지가 많은 때도 있다. 법의 해석이 달라질 수 있는 경우는 실제로 법을 적용하는 권력자들이 자신들의 이익에 맞도록 적용할 수 있는 문제도 있다.

- 공법 : 헌법, 행정법, 형법, 형사소송법, 행정소송법, 민사소송법
- 사법 : 민법, 상법
- 사회법 : 노동법, 경제법, 사회보장법

- 헌법 부합성이 불완전함
- 법 조항 근거의 미비
- 법 조항 해석의 모호성
- 엉성하거나 허술한 법 조항
- 시대적 변화 반영 안 된 법 → 보완/개정/폐기/신규 필요
- 난해한 법 조항 : 전문가 편의의 법

- 근거를 갖춘 완전한 법
- 일반 국민을 위한 쉽고 간단한 법
- 시대와 지역을 포괄할 수 있는 법

- 성문법 → 불문법
- 헌법과 자연법만 명시
- 특정한 상황에 맞는 법을 필요할 때마다 생성
- 자연법의 원리 (심은 대로 거둔다)

또한, 시대가 바뀌어서 기존 법조문들이 전혀 필요하지 않거나 혹은 내용을 대폭 수정해야 하는 때도 있고, 새로운 여건의 출현으로 새로운 법률이 필요하나 아직 이를 뒷받침할만한 법 자체가 없는 경우도 허다하다. 국회에서 늘 열심히 법을 개정하고 만들어 내고 있으나, 대체로 문제가 터지고 나서야 법률 제정 또는 개정의 움직임이 있는 것이 현실이다. 그나마도 국회에서 통과가 안 되거나 다른 안건과 결부되어 통과가 미루어지기 일쑤다. 현재의 법조문이 완전한 상태가 되기를 기대하는 것은 아마 현실에서는 전혀 일어날 수 없는 거의 불가능한 일일 것이다.

또 다른 문제는 법조문이 너무 복잡하고 어렵다는 것이다. 일반 국민

이 어떤 일이 생겨서 이에 맞는 법조문을 찾고자 할 때, 이를 찾는 것도 힘들지만, 막상 찾는다고 해도 이를 이해하기가 무척이나 까다로워서 이에 대한 올바른 해석을 하는 것이 법조인에게 자문하지 않는 이상 어렵다는 점이다. 법을 제대로 알고 지켜야 하는 것은 법조인만이 아닌 모든 국민인데, 실제로 대다수의 국민은 이해하지 못하는 어려운 법이라면 그 자체로 모순인 셈이다.

가치주의에서는 새로운 시대에 걸맞은 새로운 법의 틀을 가질 필요가 있다. 누구나 이해할 수 있도록 쉬워야 하며, 시대의 변화에 따라 흔들리지 않거나 쉽게 시대상의 변화를 반영할 수 있어야 하며, 우리나라에만 국한되지 않고 그 어디에 적용하더라도 적용될 수 있는 포괄성을 지닌 법이다. 그것은 성문법이 아닌 불문법으로 가는 것이다. 물론 법조문의 형식을 갖는 문장 자체가 아예 없는 것은 아니다. 국가의 틀을 유지하기 위한 헌법과 법의 근간인 자연법은 그 내용이 분명히 명시된다. 하지만 그 이외에는 어떠한 법도 명시되지 않는다. 대신에 자연법의 원리에 맞도록 특정한 상황에 맞는 법을 필요할 때마다 생성하는 방식이다. 국가의 틀을 유지하기 위한 필수적인 제도들은 일부는 헌법에 포함되기도 하고 일부는 법이라는 이름이 아닌 제도나 규정 또는 규칙으로 두게 된다.

가치주의 법과 사법 제도

자연법의 내용을 살펴보자. 자연법의 내용은 상당히 간단하다. 지구라는 행성에서 인간 사회를 이루며 살아가는 특정 국가의 국민이나 혹

은 모든 개인에게 적용되는 법이다. 그 적용에는 누구라도 예외가 없으며, 그 적용이 감해지거나 늘어나지도 않는다. 누군가에게 피해를 준 만큼 그대로 자신도 받게 된다는 것이다. 우리가 자연을 대할 때 노력한 그대로 땀의 결실을 얻고, 대가를 지급한 만큼만 얻는 것과 마찬가지의 이치다. 세 가지의 권리와 세 가지의 의무가 있으며, 권리와 의무가 상충할 때는 의무가 우선시되며, 개인과 다수가 상충할 때는 다수가 우선시되며, 육신과 정신이 상충할 때는 정신이 우선시 된다. 정확한 것은 그 가치의 비교를 통해 우선순위를 결정하게 된다.

세 가지의 권리와 세 가지의 의무만 알면 되니 그리 어렵지 않고, 국민이 실생활에서 이를 기억해서 삶에 적용하면서 사는 것이 가능하다. 권리의 세 가지 내용은 자유와 평등과 수호다. 자유는 활동과 의사 표현의 권리를 나타내는 신체의 자유, 생각과 이념과 종교를 선택하는 권리를 나타내는 사상의 자유, 그리고 자기 뜻을 펼치고자 하는 권리를 나타내는 자아실현의 자유가 있다. 평등은 교육이나 직업 선택 등의 권리를 나타내는 기회의 평등, 똑같이 인정받고 대우받는 권리인 존중의 평등이 있다. 수호는 자신이나 가족 등의 안위를 지키는 권리인 생명의 수호, 자신이 속한 사회나 국가를 지키고자 하는 체제의 수호, 그리고 이념을 지키고자 하는 이념의 수호가 있다.

의무의 세 가지 내용은 질서의 의무, 배려의 의무, 책임의 의무가 있다. 질서는 불법 무기를 소지한다거나 욕설이나 위협적인 행동을 하는 등의 다른 사람들에게 피해를 주는 행위를 삼가는 질서 준수의 의무, 전쟁이나 테러 등의 긴급 사태의 경우에 사회의 안전과 질서를 지키는 일에 협조하는 질서 수호의 의무가 있다. 배려의 의무는 자신보다 약한 사람들을 배려하기 위한 약자 배려의 의무, 다른 사람의 권리를 배려하는 권리 배려, 인간이 살아가야 하는 지구의 환경에 대한 배려인 자연 배려가 있다. 책임은 자신의 행위로 다른 사람들이나 사회 또는 자연에 피해를 주게 되면 이에 대한 책임을 지는 고의적 또는 비고의적 행위 책임이 있다. 그리고 자신이 해야 할 의무를 다하지 않아서 다른 사람이나 사회 또는 자연에 피해를 주게 되면 이에 대한 책임을 지는 비행위 책임이 있다.

간단한 사례를 하나만 들어보자. 도둑이 집에 침입해서 금고를 털고 도망가면서 가전제품에 손상을 입히고 자동차까지 훔쳐서 타고 난폭운전을 하며 달아나다가 누군가를 다치게 했다. 도둑이 잡히면 어떤 판결을 내려야 할까? 도둑은 질서의 의무를 위반했음을 쉽게 알 수 있다. 먼저 물적 손실에 대해서 도둑이 입힌 피해의 가치를 산정한다. 금고에서 훔친 귀중품, 손상된 가전제품, 훔친 자동차의 가치 중에서 회수가 되지 않거나 손실이 발생한 가치를 정확히 산정한다. 그리고 인적 손실에 대해서는 사람이 다치는 경우는 치료비 및 가치 활동 상실 기간만큼의 가치 보전 그리고 후유증이 있는 경우도 이에 대한 가치 보전이 요구된다. 물론 피해자들의 정신적인 충격에 따른 손실에 대해서도 가치로 산출해서 보상해야 한다. 살인의 의도가 분명히 없으므로 징역을 살지는 않으나, 가치 보전으로 피해자 가족에게 보상해야 하는 책임이 발생한다. 관련된 공무원들의 활동에 대한 가치도 산정해서 보상해야 한다.

자본주의 경제체제에서는 상당히 복잡한 경제적인 상황들이 있어서 이런 방식으로 법을 적용하는 것은 불가능하다. 하지만 가치주의에서는 화폐의 개념이 없고, 이자의 개념도 없고, 빚의 개념도 없으며, 상속도 없고, 토지의 소유권도 없으며, 모든 활동이 정확하게 가치로 환산될 수 있는 시스템이 있다. 모든 경우에 대해서 법을 복잡하게 만들어 낼 필요도 없고, 이 복잡한 법의 테두리 안에서 이에 잘 맞지 않는 상황에 대해서 잘못된 법 적용을 해야 할 이유도 없다. 다만 미비한 점이 발생할 수도 있기에 이를 미리 대비해 두기 위해서 인공지능을 이용해서 많은 판례를 만들어 내서 쓰게 된다. 즉, 과거에 등장했던 많은 사법의 상황들과 현재의 등장할만한 상황들을 만들어 내서 인공지능을 통해 여러 가지 다양한 사례에 대한 적절한 최선의 법 적용을 미리 만들어 내는 것이다.

공소시효라는 것도 없어진다. 범죄를 저지르면 그에 대한 합당한 대가를 반드시 치러야 한다는 뜻이고, 시간이 지나도 죗값은 사라지지 않는다는 뜻이다. 하지만 의도가 전혀 없고 순전히 과실로 인한 경우, 즉 과실치상이나 과실치사가 명백한 경우에만 공소시효를 적용한다. 남에게 피해를 주는 행위는 자유가 아니며, 다른 사람을 배려하고 존중하는 것은 함께 살아가는 사회의 구성원으로서의 기본적인 의무다. 자신이 저지른 행위에 대해서는 어떤 상황에서도 그에 맞는 책임이 절대로 감해지지 않고 그대로 부여되는 것이 자연의 원리다.

가치주의 교육

학생 교육 (경쟁이 아닌 배움을 위한 교육)

이제 가치주의에서의 교육 제도를 살펴보고자 한다. 지금의 학생 교육을 한마디로 표현하면 경쟁을 통해 살아남은 학생을 대학에 진학시키는 제도다. 모든 학생이 대학을 목표로 한다는 것도 잘못된 일이고, 이를 위해 학원과 과외 학습에 매달려야 하는 학생들의 현실이 안타까울 뿐이다. 진정한 배움은 사라지고 학교에는 오직 성적 향상을 위한 경쟁만이 살벌할 뿐이다. 배움의 목적 자체가 다른 사람을 이기는 것이 아니어야 한다. 학생 개개인이 필요한 지식을 습득하게 하는 것이고, 이를 통해서 사회에서 쓸모 있는 인재로 성장하게 하는 것이다.

학생교육과정 : 의무교육, 무료

유년과정 (만6세 입학, 2년)	초등과정 (만8세 입학, 5년)	중등과정 (만13세 입학, 4년)	고등과정 (만17세 입학, 4년)
함께 자라나는 아이	희망을 배우는 어린이	나를 알고 사회를 아는 청소년	나의 미래는 곧 우리의 미래
유치원이나 어린이집은 없음 (유년과정 이전은 집에서 돌봄)	훌륭한 일을 해내는 훌륭한 사람으로 자라남을 시작하는 과정	철학 심리와 진로 사회학 인물역사학 …	가치학 직업과 직무 창업학 인간과 사회 …

· 성적 향상이나 상급학교 진학을 위한 사교육이나 사교육 기관 없음
· 국가의 교육 예산만으로 운영하며 사학 재단은 사라짐

학술연구과정 : 선택교육, 유료

대학과정　대학원과정

· 누구나 입시없이 진학
· 학년 승급이 상당히 어려움
· 정해진 기준을 만족해야 졸업
· 순수 학문 연구를 위한 과정
· 산업인 교육 과정도 병행
· 산업에 필요한 지식을 창출해서 공급하는 역할
· 국가의 교육 예산으로 운영

　가치주의에서는 학생 교육이 바뀌어야 한다. 꼭 필요한 배움이 이루어지고, 꼭 필요한 인생 진로의 방향 탐색과 고민의 시간이 허락되어야 한다. 사교육이 사라지고 공교육으로만 자라나야 한다. 어린아이들이 어린이집에 다녀야 하는 것이 아니라 가정에서 보육되어야 하며, 유치원 과정은 공교육에 포함되어야 한다. 유치원부터 고등학교까지의 모든 과정이 사학 재단이 아닌 공립 학교에서 의무교육으로 이루어져야 한다. 이것은 재정적인 문제와 부모의 맞벌이 문제 등의 난관이 있기 때

문에 사회와 문화 전반의 여건이 이를 뒷받침할 수 있도록 허락되어야만 가능한 이야기다.

대학도 학문의 최고봉 역할을 제대로 하는 대학으로 거듭나야 한다. 대학의 입학이 누구에게나 열려 있어야 한다. 하지만 학문적 성취가 따르지 못하는 학생들에게는 학년 승급과 졸업을 허용하지 말아야 한다. 따라서 학생들 중에는 대학이라는 과정을 통해 학문을 발전시키는 역할도 필요하고, 일찍이 사회에 진출해서 사회적 가치를 창출하며 살아가야 하는 사람도 있어야 한다. 현재는 고등학교 졸업의 시기가 사회에 진출하기에는 이른 편이다. 따라서 고등학교 졸업 시기를 지금보다 2년 정도 늦추고 이후에 사회 진출과 대학 진학을 선택하게 하는 것이다. 따라서 이를 위해서는 학제 개편이 필연적이다. 학교 교육은 유년 과정 2년, 초등 과정 5년, 중등 과정 4년, 고등 과정 4년으로 바뀌며 여기까지는 의무 교육이고 국가에서 비용을 지불한다. 대학 과정과 대학원 과정은 학술연구과정에 해당하고, 학교 교육 편제에는 들어가지 않는다. 고등 과정까지 마치면 보통 사회에 진출하게 되는데 특별히 학문에 뜻을 두고 있는 경우라면 대학 과정에 진학할 수 있다. 하지만 이에 대한 교육 비용을 자비로 지불해야 하며, 보통은 사회에 진출한 이후에 스스로 필요하다고 판단해서 대학 과정에 들어가게 된다.

유년과정은 만 6세가 되는 해의 3월에 입학하며, 2년 과정이다. 교육의 목표는 '함께 자라나는 아이'이다. 유년 과정은 현재의 유치원 과정을 대신하고, 그전의 어린 나이에서는 부모님과 함께 지내는 것을 권장한다. 교육과정은 과거 유치원에서 배우던 과정과 비슷하다. 한글 깨우치기, 셈하기, 그림 그리기, 춤 배우기, 노래 배우기, 체육 활동, 친구들과 함께 놀기, 예절 익히기 등을 배우게 된다. 부모님과 떨어져서 처음으로 다른 아이들과 접하는 과정을 통해 사회라는 것을 이해하며, 함께 살아간다는 것이 무엇인지 알고, 즐겁게 함께 지내는 방법들에 대해서 자연스럽게 체득하도록 하는 과정이다.

초등 과정은 만 8세가 되는 해의 3월에 입학하며, 5년 과정이다. 지금의 초등학교 2학년부터 6학년이 지금의 초등 과정에 해당한다. 교육의 목표는 '희망을 배우는 어린이'이다. 설령 가정의 형편이 좋지 않더라도, 이 어린이가 학교에 와서 선생님을 만나고 친구들을 만나며 함께 공부하고 함께 뛰어놀다 보면 이 사회는 참으로 좋은 곳이고 이 나라에는 좋은 사람들이 참 많으며 나도 좋은 사람으로 자라나서 좋은 일을 많이 해야겠다는 생각을 가질 수 있도록 하는 것이다. 초등 과정에서는 상급 과정으로 나아가기 위해서 반드시 알아야 하는 필수적인 과목들을 소개하고 이해하며 친숙해지고 앞으로의 삶에서 어떻게 활용하게 되는 자기를 배우게 된다. 국어, 수학 등의 일반적인 과목들을 배우더라도 단순히 학문적인 내용만을 배우는 것이 아니라, 실제로 어른들이 그렇게 배운 것을 어떻게 올바르고 건전하게 활용하며 살아가고 있고, 그래서 이 사회에 어떤 유익이 되는지에 대해서도 사례별로 배우게 된다.

중등 과정은 만 13세가 되는 해의 3월에 입학하며, 4년 과정이다. 지금의 중학교 1학년부터 고등학교 1학년까지의 기간이 지금의 중등 과정 기간에 해당한다. 중등 교육 과정의 목표는 '나를 알고 사회를 아는 청소년'이다. 이 시기는 생각이 자라고, 가치관이 형성되어 가며, 자기 정체성에 대한 고민이 시작되는 때다. 때로는 자신의 행동에 대해서 이해하지 못하기도 하고, 앞으로의 진로에 대한 막연함에 여러 방면으로 방황하기도 한다. 스스로가 누구인지를 알아가는 과정을 위해 철학

과목이 교육 과정에 포함되고, 심리적인 선호도와 유형을 알아보며 자신에게 맞는 진로를 찾아가는 심리와 진로 과목도 교과 과정에 포함된다. 사회의 체제들과 이념들에 대해서도 심도 있게 배우는 사회학 과목도 교육 과정에 포함되고, 과거 위인들의 삶을 통해서 자기 삶의 방향을 올바르게 세워나가는 인물역사학도 교육 과정에 포함된다. 다른 기본적인 과목들로 빠짐없이 물론 배우게 된다.

고등 교육 과정은 만 17세가 되는 해의 3월에 입학하며, 4년 과정이다. 지금의 고등학교 2학년부터 대학교 2학년까지의 기간에 해당한다. 사회에 진출하기 직전의 마지막 과정이므로 사회생활을 시작하기에 무리가 없도록 그리고 잘 적응해서 사회에서 쓸모있는 역할을 해내는 인재들이 되도록 이끌어 주는 중요한 기간이다. 고등 과정의 교육 목표는 '나의 미래는 곧 우리의 미래'이다.

가치주의 시대를 살아가야 하는 사회 구성원으로서 반드시 알아야 하는 가치학에 대해서 배우게 되며, 이를 통해 가치주의의 배경과 원리 그리고 가치주의를 통해 이루고자 하는 우리 사회의 모습에 대해서 배우게 된다. 또한, 자연학과 인간학의 기초를 배우게 되는데 이를 통해서 자연과 조화를 이루며 살아가야 하는 존재로서의 우리 인간에 대해서 배우게 된다. 그리고 직업과 직무라는 과목을 통해 이 세상에 존재하는 직업에 대해 탐색하고 심도 있게 알아보게 된다. 창업학이라는 과목도 배우게 된다. 홍익인간에 이념 교육에 대한 언급도 절대로 빼놓을 수 없다. 고등 과정까지는 교육 비용은 모두 국가에서 지원하고 특별한 사유자를 제외하고 의무 교육이다.

교육 체계 (직무 수행을 위한 교육)

교육기관 : 학교 / 대학 / 행정기관 / 기업체 / 특수교육기관 / 인터넷 / 스마트기기

　가치주의 교육 체계를 보자. 교육은 직업과 필수적으로 연관되어 있다. 직장에 들어가서 다시 교육을 받을 필요가 없고 바로 직무가 가능하도록 이론부터 실무까지 제대로 배우게 된다. 산업인 교육, 공공부문 교육, 평생교육, 장애우 교육으로 나누어진다. 산업인이나 공무원 그리고 일반인이나 장애인들이 모두 교육의 대상자가 된다. 교육을 받은 후에는 해당 부문에 취업할 수 있는 자격이 주어진다. 직장 생활 중에도 이직을 원하거나 새로운 진로를 모색한다면 다시 언제든지 교육을 받을 수 있다. 물론 이후에 새로운 직업의 길이 열리게 된다. 교육 기관은 대학, 행정기관, 기업체, 특수교육기관 등이며, 인터넷이나 스마트기기를 통해서도 가능하다. 모든 교육 과정에서 기본과정에 대해서는 누구나 무료로 수강할 수 있고, 직업 또는 직무와 직접 연관되는 심화 과정

및 전문과정은 수강료 지급이 필요하다.

산업인 교육은 거의 모든 산업의 직무를 수행하기 위한 교육이다. 자연산업, 제조산업, 서비스산업 등의 분야에서 세부적인 하위 분야에 대한 다양한 교육 과정이 마련되어 있다. 공공부문은 공무원이 되기 위한 과정이다. 가상가치관리시스템의 운영, 가상가치산정, 주민등록 관리, 교통관리시스템운영, 세무관리, 토지사용관리, 내무 및 행정, 산업관리, 외교 실무, 법률 및 법무 등 공공부문 업무를 수행하는 데 필요한 지식에 대한 교육이다. 교사도 물론 포함된다. 국가 고위급 정치인이 되고자 하는 사람들을 위한 교육도 공공부문 교육을 통해서 직무 교육을 이수해야 한다. 국회의원, 국회의장, 검찰총장, 경찰청장, 대법원장, 장관이나 차관, 국무총리, 대통령, 그리고 각 지방자치단체장이 되고자 하면 직무별 필요 교육을 반드시 수강하고 나서 이에 대한 직무능력시험을 통과해야만 한다. 교육의 총괄은 교육부에서 담당하나 강의 주관은 각 행정부 내 실무부서에서 담당한다. 평생교육은 인문학, 어학, 문화, 예술, 철학, 사회학, 통계학, 역사, 과학, 공학, 수학, 정보학, 천문학, 기상학 등 일반적인 학문에 대한 교육이다.

인재 관리 체계

가치주의에서는 모든 사람이 만들어내는 가치의 활용성을 최대한 높일 수 있도록 나라의 정책과 방향이 만들어진다. 모든 사람을 잠재적인 인재로 보고 이들 인재가 제대로 교육을 받고 적합한 일자리에서 자신의 역할을 다함으로써 사회에 유익이 되는 활동과 가치를 올바르게 창출해 낼 수 있도록 사회적인 여건을 조성하고 그 환경을 제공한다. 그것이 바로 국가인재관리시스템이다.

이것은 사람을 중심으로 교육의 기회를 제공하고, 직업의 선택 및 가치 활동의 기회를 제공하며, 창출한 가치나 지식을 체계적으로 관리하는 것이다. 특별한 역할이 필요한 인재들에게는 미래 선도 지식이나 미래 가치창출의 역할이 주어질 수 있도록 국가가 모든 사람에게 기회를 부여하고 각 사람의 사회적 기여를 관리해 주는 시스템이다. 이것은 국가인재관리시스템이라는 상위 체계 밑에 교육관리시스템과 직업관리시스템이 연결되어 있으며, 여기에 인재들이 창출한 지식을 관리하는 지식관리시스템으로 구성되어 있다.

국가인재관리시스템은 올바른 사회적 가치창출에 이바지할 수 있는 사람이라면 누구라도 인재라고 보고, 이 사회의 구성원 개개인이 스스로 관리해서 인재로서 살아가도록 도와주는 시스템이다. 어떤 교육들을 받았는지, 어떠한 직업이나 직무의 경험이 있는지, 관심 있는 분야의 산업 전망과 사회적 기여도는 어떠한지, 특정 산업에서 하고자 하는 직무를 감당하려면 어떠한 부분이 더 요구되는지 등을 알아볼 수 있게 되어 있다. 또한, 국가의 측면에서도 잠재력 있는 인재들이 기회를 얻지 못하고 사회적 가치창출의 역할을 하지 못하는 경우 이에 대한 해결 방향이나 대안을 제시할 수 있도록 시스템을 통해서 도움을 주는 기능도 가지고 있다.

필요에 따라서는 국가 인재로 등록해서 관리한다. 특별한 재능이나 기능, 혹은 특별한 지식을 갖춘 사람이고 그 수준이 일정 레벨을 넘어선다면 국가에서 이 사람을 국가 인재로 등록하고 그 인재 등급을 부여해서 관리한다. 원하지 않는 직종에 있어야 하거나 혹은 원하지 않는 직무 공백 기간을 갖게 되는 사회적 손실을 최소화하도록 직장과 연계해서 관리해 준다는 뜻이다. 범죄 사실로 인해 교도소 생활을 했던 재소자 출신이나 가치 활동 부적응자들이 사회에 적응해서 살아갈 수 있도록 특별한 교육도 마련되어 있다. 교육 이후에는 적합한 직업이나 직장의 연계도 함께 이루어진다.

교육/직업/지식관리시스템

교육관리시스템
· 학생/산업인/공공부문/평생/장애우교육시스템
· 수강 : 대학/행정기관/기업체/인터넷/스마트기기
· 기본과정/심화과정/전문가과정
· 교육공급지도 : 자세한 교육 정보 확인

직업관리시스템
· 산업/직종/직업별 일자리 및 인력 수급 현황 정보
· 인력 수요/공급의 최적 조절로 산업의 효율성 증대
· 최적 일자리 제공 및 사회적 가치 창출의 극대
· 국가산업지도 : 요구 인력 및 조건 검색

직업관리시스템
· 개인/회사/단체가 창출한 새로운 지식 → 공유 사용
· 등록/발굴/보완/수정 후 전문가평가 → 활용도 향상
· 기존 지식/새로운 지식/미래선도지식 체계적 집대성
· 국가지식지도 : 개인적 지식/사회적 지식으로 활용

각각의 교육 관련 시스템에 대해서 알아보자. 교육관리시스템은 이전 페이지의 교육 체계의 내용과 동일하다. 직업관리시스템은 현재 존재하는 산업 및 각종 직업이 무엇이 있으며, 어느 직업이나 직종에 얼마만큼의 일자리가 있고, 여기에 얼마나 많은 사람이 일하고 있으며, 어느 정도의 인력이 더 필요한지에 대한 정보를 종합적으로 관리하는 시스템이다. 국가산업지도의 현황을 볼 수 있고, 직종별 혹은 부문별 요구인력과 공급인력의 현황을 한눈에 알아볼 수 있으며, 이에 대한 각각의 상세 정보도 파악할 수 있다.

　예를 들어서 태양광 패널을 연구 개발하는 직업을 찾아보려면 에너지 산업 부문을 찾아 들어가서 태양광 발전을 선택한 후 산업지도보기를 선택한다. 그러면 전국적으로 태양광 발전에 관련된 회사들, 연구소들, 생산공장들, 유통업체들 등을 한눈에 볼 수 있다. 여기에서 연구소만을 추출해서 따로 볼 수 있으며, 특정한 연구소를 선택하면 연구 부문별 요구인력 및 실제 공급인력의 현황도 볼 수 있다. 그리고 향후 충원이나 감원 계획에 대한 정보도 알 수 있으며, 지원하고자 할 때 요구되는 교육 경력, 직무 경력, 홍익지수 등에 대한 정보도 알 수 있다. 이것은 회사나 연구소 그리고 공장 등 국가 내의 모든 산업이 국가산업관리시스템을 통해서 국가산업본부에서 관리하고 있다. 그 관리의 목적이 각 산업의 수요와 공급을 최적으로 조절해서 국가 산업의 효율성 증대 및 정직한 일자리 제공과 사회적 가치창출의 극대화에 있기 때문이다. 산업별 그리고 직종이나 회사별로 국가산업관리시스템 운영에 필요한 정보를 제공하도록 강제해서 운영하게 된다.

　지식관리시스템은 개인이나 회사 등의 단체가 새롭게 창출한 지식에 대해서 공유해서 함께 사용할 수 있도록 함으로써 개인이나 회사의 지식만이 아닌 사회적 지식으로써의 활용 가치를 높이자는 취지다. 때로는 지식을 등록받기도 하고, 필요에 따라 조사하기도 해서 지식을 모으고, 공유할 수 있는 부분은 공유하고, 공유할 수 없는 부분은 비공개로 설정해서 운영하게 된다. 필요에 따라 지식에 대한 보완이나 수정을 요구하기도 하고, 근거나 이론의 합리성 등에 대한 전문가들의 평가도 넣어서 다른 사람들이 활용하고자 할 때 이를 참고할 수 있도록 되어 있다. 기존 지식도 체계적으로 집대성 되어 있고, 새롭게 나온 지식도 분류별과 일목요연하게 정리가 되어 있으며, 앞으로 나와야 하는 미래 선도지식 분야도 제시되어 있다. 이 모든 지식의 현황이 국가지식지도의 형태로 표현되어 있다. 즉, 과거 지식지도, 현재 지식지도, 그리고 미래 지식지도를 지식관리시스템을 통해서 볼 수 있어서, 이제부터 준비하고 하여야 하는 미래의 지식을 창출해 내려고 하는 인재들에게 자료로 활용된다.

06

가치주의 보건

자본을 위한 보건 (자본주의)

이제 보건을 살펴보고자 한다. 먼저, 자본주의 보건을 보자. 한 명의 환자를 놓고 6곳에서 돈을 챙기고 있다. 병원과 약국, 제약회사, 의료기회사, 건강보조식품회사, 그리고 보험공단도 포함된다. 과연 이것이 올바른 모습일까? 우리는 치료를 위해 이렇게 되는 것이 맞는 것일까?

환자들은 과잉 치료, 과잉 처방, 과잉 청구에 속수무책이다. 당연한 치료를 받으며 합당한 값을 지불한다고 생각한다. 이로 인해 의료 제공자인 병원과 의사들은 부자가 된다. 제약회사도 마찬가지다. 보험공단은 보험 재정 악화를 이유로 보험료를 수시로 올린다. 우리는 그저 '그런가 보다' 라고 여기며 의료를 위해 니무나 많은 것을 지출한다. 우리 몸은 원래 약한 것이고, 약을 달고 살아야 하며, 병원에서 치료해 주기에 이 정도나마 불편하지 않게 살고 있다고 여기는 사람들도 있다.

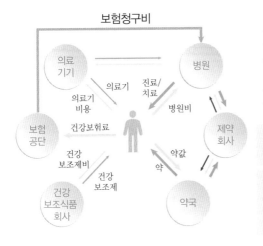

보험청구비

· 과잉 치료 : 수술, 의료장비
· 과잉 처방 : 약물 사용, 처방
· 과잉 청구 : 보험 재성 악화

· 의료 제공자 : 과도한 소득
· 의료 수여자 : 과도한 지출

· 의약업계 번창 → 환자 빈궁
· 의약업계 폐업 → 의료 공백

· 올바른 치료 방법인가?
· 치료비는 적절한가?
· 건강보험이 합리적인가?
· 최선의 의료 서비스 방법은?

여기서 우리는 질문을 던져야 한다. 우리가 받는 치료의 방법은 과연 올바르고 합리적인가? 그 치료비는 적절한 것인가? 건강보험이라는 제도를 통해서 보건이 운영되는 것이 맞는 것인가? 병원이 번창한다는 것은 환자들이 병원비를 많이 지불한다는 뜻인데 이건 어떻게 생각해야 하는가? 병원이 망하면 그곳은 의료 공백이 일어나는데 이건 또 어떻게 생각해야 하는가?

이제 가치주의 보건에 대해서 이야기하고자 한다. 가치주의 보건을 이해하려면 지금의 치료 방법에 문제가 많다는 것을 반드시 이해해야 한다. 이러한 이해가 없으면 동의할 수 없는 제도일 것이다. 『2100년에 만난 70인 그들이 말하는 가치주의 세상(지식공감, 박명준 저)』의 의사의 이야기를 참조하길 바란다. 아니면 다른 어떠한 서적이라도 좋다. 현대 의학의 실상에 대해 제대로 알려주는 이야기를 먼저 찾아서 반드시 읽어보길 권한다.

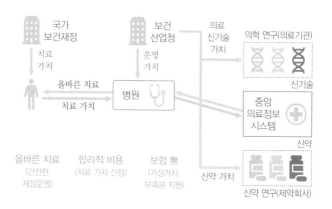

가치주의에서는 과잉 치료가 절대로 일어나지 않는다. 정확한 치료만이 일어나기에 의료기관의 운영에 재정 문제가 생긴다. 이러한 재정 부족을 보전하기 위해서, 그리고 치료가 올바르게 이루어지는 것을 관장하기 위해서 모든 의료기관이 보건 산업청 산하(傘下)의 공적인 기관으로 거듭나게 된다.

중앙의료정보시스템을 통해서 최신의 의료 기술이 공유되며, 모든 의사가 이를 이용하게 된다. 따라서 어느 병원에 가서 치료를 받든 간에 가장 높은 수준의 진료와 올바른 치료를 받을 수 있다. 보건산업청은 의료기관과 더불어 의료 신기술 연구를 관장하며, 제약회사와 함께 신약 연구를 진행한다. 최신의 의료 기술과 기타 필요한 정보는 모두 중앙의료정보시스템으로 연결된다. 병원에서는 합리적인 치료만을 하기 때문에 잘못된 과잉 치료 행위가 사라져서 환자의 재정 부담이 많이 줄어든다. 가치주의에서는 보험이 사라지며, 건강보험도 사라진다. 따라서 모든 의료비는 환자 스스로가 부담해야 하며, 취약 계층의 의료비 부담을 덜어주기 위한 재정 보전이 이루어진다.

올바른 치료로 인해 병원의 운영이 한산해 지고, 의사들의 수입이 많이 줄어들고 일거리도 많이 줄어들어서 의사들이 종일 병원에서 근무하는 것이 어렵게 된다. 따라서 의사들은 다른 직업을 동시에 가지는 경우가 많으며, 요일제 근무를 하게 된다. 병원이 재정을 지원받기 때문에 운영이 잘되지 않는 지역에서도 병원이 사라지지 않고 유지될 수 있어서 취약 지역의 의료 공백 사태는 일어나지 않는다.

국가 보건 체계

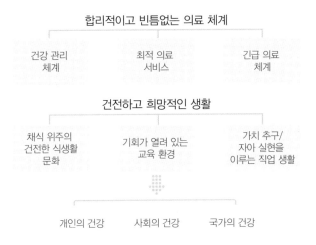

가치주의 보건 체계를 살펴보자. 건강 관리 체계, 최적 의료 서비스, 긴급 의료 서비스, 이렇게 3개의 축을 통해서 합리적이고도 빈틈없는 보건의 체계를 이루고 있다. 이에 대해서는 뒤에서 설명할 것이다. 보

건 체계를 잘 갖추고 있다고 해서 국민들이 건강한 삶을 살 수 있다고 생각하는 것은 크나큰 오산이다. 병원만 가면 모든 것이 해결될 수 있다는 잘못된 믿음이 결국 과잉 진료와 치료 그리고 과잉 투약이라는 잘못된 의료의 관행을 만들었다고 보면 된다. 이러한 체계는 단지 문제가 발생하지 않도록 도와주고 문제가 생겼을 때 가장 적절하고 합리적인 방법을 제공하는 것뿐이다.

그러면 무엇이 선행되어야 할까? 무엇이 국민의 건강한 삶을 만들어 낼 것인가? 그것은 한마디로 국민들 개개인이 건전하고 희망적인 생활을 하는 것이다. 이것이 담보되지 않으면 결국은 건강의 문제로 국민들은 병원을 줄기차게 찾을 수밖에 없고 약 봉지를 달고 살 수밖에 없다. 수십 년간 병원을 오가며, 어마어마한 병원비를 내며, 약 봉지에 하루하루를 연명하는 것이 얼마나 불편하고도 불행한 삶인가? 많은 국민이 병원을 오간다는 것은 국가적으로 커다란 손실이다. 많은 국민을 의료 사치에 내몰린다는 것은 국가적으로 크나큰 낭비이다.

건전하고 희망적인 생활은 개인의 노력과 국가의 노력이 결부되어야 한다. 개인의 노력으로는 단연코 건전한 식생활이다. 지금의 서구화된 식생활은 몸을 빨리 망가뜨린다. 나무를 천천히 태우고 있는데. 여기에 석유를 들이붓는 꼴이다. 천천히 타지 못하고 급속하게 타들어 가며 엄청난 유해 연기가 발산된다. 수많은 질병이 일어나고 급속한 노화를 일으키는 것은 뻔한 이치다. 한국만의 전통적인 식생활을 회복하는 것이 무엇보다 중요하다. 고지방 식사를 하고 열량을 소모한다면서 엄청난 운동을 하는 것은 노화의 급행열차를 타는 것이다. 육식을 과감히 버리고 채식을 하라고 권한다. 우리 몸은 단백질을 제대로 소화하지 못하도록 타고났다. 고지방식은 혈액 순환을 통한 원활한 대사에 큰 장애물이다. 우리 몸은 채식만으로도 충분한 에너지를 만들어 낸다.

국가에서 담당해야 하는 노력은 열린 교육 환경과 자아실현을 이룰 수 있는 직업 생활의 환경을 제공하는 것이다. 인간은 먹기 위해서 태어나지 않았다. 자신의 꿈을 펼치고 자아실현의 길로 나아가고자 하는 것은 당연한 인간만의 특징일 것이다. 하지만 기회가 차단되어 있고, 개개인이 하고 싶은 일에 다가설 수 없는 구조를 가진 국가라면 국민들은 희망을 잃을 것이다. 꿈을 찾지 못하고 계속 방황할 것이다. 국민들이 꿈을 찾을 수 있는 나라, 그리고 그 꿈을 실현할 수 있는 나라, 이것이 가장 큰 국가의 역할이 되어야 한다. 따라서 배우고 싶은 것을 언제든지 배울 수 있는 교육 환경, 그리고 하고 싶은 일을 찾아갈 수 있는 문화와, 이를 실현할 수 있는 다양한 기회는 국가가 반드시 제공해야 할 시급한 체계라고 할 수 있다.

이렇듯이 국민들의 건전하고 희망적인 생활이라는 든든한 기반 위에 합리적이고 빈틈없는 보건 체계가 뒷받침하고 있는 것이 가치주의 국가 보건 체계의 전체 그림이다. 이 그림을 통해서 가장 적은 보건 재정으로도 개인의 건강과 사회의 건강을 이룰 수 있으며, 나아가서는 건강한 국가를 만들 수 있는 것이다.

합리적이고 빈틈없는 보건 체계

가치주의 국가에서 제공하는 보건의 체계를 살펴보자. 앞서 언급한 대로 건강 관리 체계, 최적 의료 서비스, 그리고 긴급 의료 체계가 축을 이루고 있다. 각각에 대해서 좀 더 설명하고자 한다.

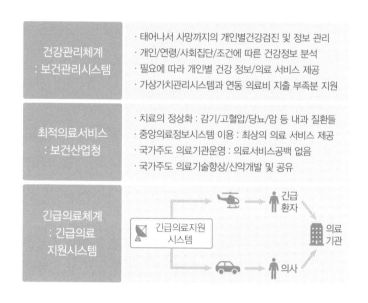

건강관리체계 : 보건관리시스템	· 태어나서 사망까지의 개인별건강검진 및 정보 관리 · 개인/연령/사회집단/조건에 따른 건강정보 분석 · 필요에 따라 개인별 건강 정보/의료 서비스 제공 · 가상가치관리시스템과 연동 의료비 지출 부족분 지원
최적의료서비스 : 보건산업청	· 치료의 정상화 : 감기/고혈압/당뇨/암 등 내과 질환들 · 중앙의료정보시스템 이용 : 최상의 의료 서비스 제공 · 국가주도 의료기관운영 : 의료서비스공백 없음 · 국가주도 의료기술향상/신약개발 및 공유
긴급의료체계 : 긴급의료 지원시스템	긴급의료지원 시스템 → 긴급환자 / 의사 → 의료기관

　건강 관리 체계는 보건관리시스템 운영을 통해서 모든 국민의 건강을 체계적이고 효율적으로 관리해서 국민의 삶의 질을 높여준다는 데에 그 의의가 있다. 이 시스템의 근본은 개인의 건강 지표에 대한 체계적이고 지속적인 정보 입수 및 이에 대한 적절한 대응 관리다. 모든 국민의 건강이 단지 때가 되면 건강 검진을 받으라고 권유하는 우편을 전달하는 것이 아니라 각 주민의 정보를 관리하듯이 건강에 대한 정보를 태어나서부터 사망 시까지 관리하는 시스템이다. 정기적인 건강검진을 통해 정보가 입력되며, 때에 맞추어서 필요로 하는 정보는 다음 건강검진 시 검진 항목으로 들어가도록 되어 있다.

　가장 주의 깊게 관리되는 항목은 나이별 그리고 체질별 각 지표의 특성이 표준 권장 지수와 얼마나 차이가 있느냐는 것과 이것의 변화 추이 그리고 향후 예측치의 위험 수준 접근에 관한 판단이다. 더불어 정신 건강에 대한 상담이 해당 개인의 특성에 맞도록 면밀하게 이루어져서 육체적으로뿐만 아니라 정신적으로도 건강한 삶이 유지되도록 관리하게 된다. 건강 검진 후 필요에 따라 의료 조치를 필요로 하는 경우는 이를 통보해서 조치를 받도록 하며, 기본 항목에 대해서는 국가보건재정으로 지원하게 된다. 지원이 안 되는 항목의 경우에는 개인이 비용을 지급하도록 하나 개인의 보유 가치가 부족해서 생활에 문제가 될 수 있는 경우는 국가보건재정으로 충당하게 된다. 최적 의료 서비스는 앞에서 이미 설명을 했다. 치료의 정상화, 중앙의료정보시스템, 국가 주도 의료기관 운영, 국가 주도 의료 기술 개발이 그 내용이다.

긴급 의료 체계를 살펴보자. 긴급의료지원시스템이 마련되어 있고 모든 의료기관이 체계적으로 연결되어 있어서 긴급 의료 사태에 대비하도록 되어 있다. 즉, 갑작스러운 환자가 발생해서 긴급하게 의료 행위가 필요한 경우에 긴급의료지원시스템을 통해서 환자와 의사 그리고 병원을 연결해 준다. 그리고 여기까지 환자와 의사가 이동할 수 있도록 비행체나 가장 빠른 교통수단까지도 제공하게 된다. 좀 더 자세히 설명하면 대형 병원의 경우는 항상 진료의 시설과 설비가 갖추어져 있는데, 긴급 환자 발생 지역에서 가용한 가장 가까운 종합 병원으로, 그리고 거기에 맞는 그 병원에 가장 빠른 시간에 도착할 수 있는 의사에게 연락이 동시에 취해진다. 이들 모두가 병원에 신속하게 도착할 수 있도록 전국적으로 갖추어진 상시대기 긴급 의료 비행체나 기타 이동수단을 통해서 해당 병원에서 환자와 의사가 도착해서 만나는 것이다. 그리고 진료를 받게 되는 체계다.

{ 가치주의 민생 }

복지의 체계 (자본주의)

가치주의 국가에 대해서 마지막으로 복지 부문을 살펴보고자 한다. 먼저 지금의 복지를 알아보자. 여러 형태의 복지의 체계와 지원이 마련되어 있다. 국가에서도 그리고 각종 사회복지 단체에서도 복지를 제공한다. 하지만 복지를 필요로 하는 곳마다 형편이 같은 것은 아니다. 어디에는 복지의 손길과 관심이 집중되기도 하고, 어디에는 관심도 지원도 부족하게 된다. 한쪽에는 복지 과잉이, 다른 한쪽에는 복지 공백이 일어난다는 뜻이다. 물론 과잉이라는 말은 상대적인 개념이다. 아무리 많은 지원이 있더라도 부족할 수 있기 때문이다.

다른 측면을 보자. 이러한 재정 지원 이외에는 다른 지원이 부족하다. 교육의 혜택을 얻고 직업을 가질 수 있도록 지원하고 관리하는 체계가 보이지 않는다. 의료의 혜택도 주어진 복지 지원 안에서 해결해야 한다. 국가는 열심히 한다고 하는데, 그리고 각종 사회복지 단체들도 나름대로 열심히 땀을 흘리고 있는데, 가장 중요한 것이 빠진 듯하다. 우리는 다른 사람으로부터 도움을 받기 위해 이 땅을 살고 있는 것이 아니기 때문이다.

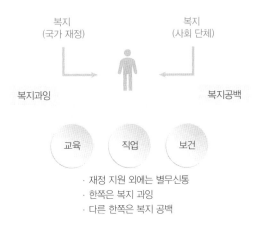

- 재정 지원 외에는 별무신통
- 한쪽은 복지 과잉
- 다른 한쪽은 복지 공백

복지의 체계 (가치주의)

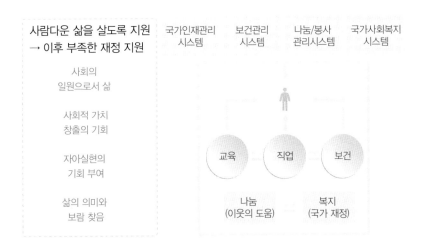

가치주의 복지의 체계를 보자. 가장 중요한 것이 사람다운 삶을 살도록 지원하는 것이다. 그것은 사회의 일원으로서 사회적인 역할을 할 수 있도록 최대한 배려하는 것이다. 교육의 기회가 주어지고 이를 통해서 직업을 가질 수 있도록 길을 열어 주는 것이다. 수고를 통해서 가치를 창출하며 함께 살아가는 사람들에게 이로움을 제공하는 사회의 일원으로 거듭나도록 이끄는 것이다. 삶의 의미와 보람은 당연히 뒤따를 것이다. 사회적 취약 계층에게도 삶의 성취와 자아실현을 이루도록 기회를 제공하는 것이 복지의 궁극적인 목표인 것이다.

　따라서 국가의 사회복지시스템은 단독으로 존재하는 것이 아니다. 교육관리, 직업관리, 그리고 지식관리를 총괄하는 국가인재관리시스템과 보건관리시스템, 그리고 나눔 및 봉사관리시스템에 모두 연계가 되어 있다. 기본적인 취지는 형편이 어렵다고 해서 그리고 몸이 불편하다고 해서 또는 배운 것이 없다고 해서 아니면 할 수 있는 것이 없다고 해서 무조건 복지 혜택을 제공하는 것이 아니다. 필요하면 교육의 기회를 제공하고, 필요하면 직업의 기회도 제공하며, 필요하면 최소한의 삶의 여건도 제공하면서 스스로 살아갈 수 있도록 도와주며, 가능하면 사회적 가치를 창출할 수 있도록 해서 사회의 일원으로서 역할을 하며 살도록 하는 것이다.

　복지의 공급에 대해서도 기본적으로는 사회 구성원들의 도움을 먼저 받고 그래도 부족한 부분에 대해서만 국가가 지원하게 된다. 이것이 나눔 및 봉사 관리시스템과 국가사회복지시스템의 역할이다. 이 모든 것이 체계적으로 관리되도록 해서 복지의 과잉이나 부족이 일어나지 않고 꼭 필요한 곳에만 최적의 공급이 일어나도록 하는 것이다. 따라서 국가에서 복지 혜택 제공을 위해 쓰는 비용이 그렇게 많지는 않다. 가만히 누워서 국가가 무언가를 해주기를 바라던 모습에서 스스로 무언가를 할 수 있는 시스템이 잘 갖추어진 모습이야말로 진정한 복지의 모델일 것이다.

민생의 관리 체계

민생 지표 조사 후 시스템 미비점 개선

사회 지원 체계의 효율성 점검

민생 추적 평가 후 미비점 개선

사회 구성원 간 복지 나눔 체계 제공

국가민생본부

가상가치관리시스템

국가인재관리시스템

보건관리시스템

가치주의에서는 민생이라는 말이 행정부 내로 공식적으로 들어와 있다. 국가민생본부가 행정부 산하 사회부 내에 속해 있는 것이다. 이름 그대로 국민들의 민생을 상시 관리하고 책임지는 역할을 한다. 단지 선거 때만 되면 표를 얻기 위해 민생을 외치는 정치 후진국의 모습이 아닌 것이다. 국가민생본부 혼자서만 움직이는 것이 아니다. 교육부와 가치재정부 그리고 보건부와 함께 국민들의 민생을 위해 활동하게 된다.

따라서 국가민생본부에서는 다음의 국가시스템으로부터 정보를 받아서 분석하고 이를 관리하게 된다. 가상가치관리시스템, 국가인재관리시스템, 보건관리시스템에서다. 분석하고 관리하는 항목은 다음의 네 가지다. 첫 번째는 민생 지표 조사 후 시스템 미비점 개선이다. 두 번째는 사회 지원 체계의 효율성 점검이다. 세 번째는 민생 추적 평가 후 미비점 개선이다. 네 번째는 사회 구성원 간 복지 나눔 체계 제공이다. 이에 대해서 이어서 설명을 이어갈 것이다.

민생 관리 항목

민생 지표 조사 후 시스템 미비점 개선	· 재정 건전성/변화 추이 점검 (각 계층별) 　– 총 창출가치 그대로인데 총 노동 시간 증가 : 근로 환경 악화/ 　　가치 산정 합리성 검토 　– 총 창출가치↑, 개인보유가치↓ : 세금 지출 점검 · 일과 휴식의 조화성 : 가치산정시스템 　– 근로/휴식 시간 산출
사회 지원 체계의 효율성 점검	· 국가가 제공하는 교육, 직업, 보건 혜택이 개인의 실질적인 삶에 　도움을 주는 기여도 산출 : 국가인재관리시스템, 보건관리시스템 · 기여도가 기준치 이하이면 혜택의 실질 적용 여부 등 원인 파악 및 　개선 사항 시행
민생 추적 평가 후 미비점 개선	· 한 개인의 삶이 평균적인 지표에서 많이 벗어난 경우 : 가상가치관리시스템 　– 개인적인 문제라면 도우미 프로그램 운영 : 국가사회복지시스템 　– 사회적인 문제라면 복지사각지대에 대한 회생 프로그램 가동
사회 구성원 간 복지 나눔 체계 제공	· 사회적 봉사/나눔의 수요 및 공급 파악 : 국가사회복지시스템 · 사회적 봉사/나눔의 기여가 필요한 곳에 골고루 공급되도록 관리 : 봉사/ 　나눔관리시스템 · 부족 시 국가 복지 재정으로 충당 : 국가 사회복지시스템

　민생 관리 항목을 살펴보자. 첫 번째 항목인 민생 지표들을 조사하는 것은 사회 구성원 개개인의 생활 형편이나 살림살이가 어떠한지를 큰 틀에서 파악해서 필요에 따라 제반 시스템의 미비한 점들을 보완하거나 개편하는 것이다. 조사하게 되는 민생 지표들은 재정 건전성 및

일과 휴식의 조화성이다. 재정 건전성 지표는 국가와 국민 개개인 모두에 대해서 평가하게 되며, 일과 휴식의 조화성은 개개인에 대해서만 조사하게 된다. 이들 모든 지표는 지역별, 계층별, 나이별, 직업별 편차도 함께 조사된다. 현재의 상태뿐만 아니라 과거로부터 현재까지의 지표의 변화 추이와 이를 바탕으로 한 미래 시점의 예측 지표도 산출하게 된다. 개인의 재정 건전성 및 변화 추이는 가상가치관리시스템을 통해서 쉽게 데이터를 얻을 수 있다.

각 개인이 가치활동을 통해서 얼마만큼의 소득이 있고 또한 지출이 발생해서 현재의 남아 있는 잔액은 어떠한지 그리고 그 변화의 추이는 어떠한지를 쉽게 집계할 수 있다. 지역별, 계층별, 나이별, 그리고 직업별 편차도 인구수를 고려해서 마찬가지로 가상가치관리시스템을 통해서 데이터가 집계되어 산출된다. 개인별 가치활동의 결과를 가치산정시스템을 통해 권장가치를 산정할 때에 소요시간도 고려되기 때문에 이를 통해서 일정 기간에 일에 투자한 총시간을 산출할 수 있고, 이를 통해서 일과 휴식의 조화성도 산출할 수 있다. 각각의 지표들은 목표치와 하한기준치가 설정되어 있으며, 지표 값이나 변화 추이가 하한기준치를 향하여 가고 있으면 해당 지표에 대해서 예의주시하게 되며, 하한기준치 이하로 떨어지게 되면 이를 바로잡기 위한 조처(措處)를 하게 된다.

만약에 사회 구성원의 총 창출 가치가 증가하지 않는데 총 노동시간이 증가한다면, 가치를 창출하는 사회적 환경이나 여건이 나빠져서 더 많은 시간이나 노력이 요구되거나 혹은 활동에 대한 가치산정 시의 인정 기준이 변동된 것이 원인으로 예상된다. 근로 환경이 악화한 원인을 분석해서 이를 개선하기 위한 대책을 마련하거나 가치인정 기준의 합리성에 대한 검토를 통해 필요하다면 가치산정 기준을 조정하도록 가치위원회에 요청한다. 사회 구성원 전체의 창출 가치가 상승하고 있는데 오히려 개인별 평균 보유 가치가 하락하고 있다면 그것은 소비문화의 활성화가 아니라면 분명히 세금으로 지출되는 측면이 많기 때문이다. 개인의 재정 건전성과 국가의 재정 건전성을 점검 후 합리적이지 못한 부분이 있다면 가치재정부에 개선에 대한 협조 요청을 하게 된다.

개인이 창출해서 나라 전체가 현재 보유하고 있는 총 가치도 가치관리본부를 통해서 정보를 받으며 이러한 총 가치가 국가와 개인으로 적절하게 이동되는 흐름이 발생해서 국가나 개인의 재정 건전성에 도움을 주고 있는지에 대해서도 분석이 이루어진다. 만약 그렇지 못하고 어느 한 곳에 정체된 측면이 있다면 그 원인에 대해서도 가치관리본부를 통해서 개선되도록 협조를 받게 된다. 그 밖의 여러 다른 경우에 대해서도 지표를 산출하고 분석을 통해 문제가 있다면 원인을 파악하고 개선하는 활동을 해서 각 개인의 실질적이고 평균적인 삶이 건전한 양상을 가지도록 관리하게 된다.

두 번째 항목은 교육과 직업 그리고 건강관리에 대한 일반적인 사회지원의 체계가 실질적인 민생에 도움을 주는 기여도를 조사하고 부족하거나 모자라거나 혹은 효율적이지 못하거나 낭비적인 요소가 있다면 관련 부서의 협조를 통해 이를 개선하는 것이다. 이 부분도 주로는 교육부 산하 국가인재본부에서 운영하는 국가인재관리시스템의 도움을 받게 된다. 국가보건본부의 도움을 받아서 보건관리시스템으로부터의 건강 정보도 동시에 받게 된다. 교육관리시스템과 직업관리시스템을 통해 개인의 교육 이력과 직업 이력을 파악하게 되며, 보건관리시스템으로부터 건강 관리에 대한 정보도 주기적으로 입수하게 된다.

국가 민생본부에서는 이에 대한 정보를 종합적으로 파악해서 교육의 기회와 직업의 공급이 그리고 건강 관리의 체계가 각 개인의 실질적인 삶에 도움이 되는 정도를 삶에 혜택을 주는 기여도로써 산출하게 된다. 전체적인 기여도의 평균값과 표준편차를 산출하게 되며, 이러한 지표의 변화 추이와 향후의 예측치도 관찰하게 된다. 이를 통해서 국가에서 제공하는 혜택들의 현실과의 괴리를 찾아내게 되며, 편중되지 않고 보편적으로 적용되고 있는지도 알아내게 된다. 만약 교육이나 직업 또는 건강관리의 혜택이 보편적인 수준임에도 개인의 실질적인 삶의 질에 이바지하는 정도가 기준치에 미치지 못하거나 혹은 삶의 질이 실질적으로 좋지 않은 경우가 있을 수 있다. 그러면 이에 대한 원인 파악에 들어가게 되며, 해당 원인의 해결 방안도 검토해서 시행하게 된다.

　세 번째 항목은 한 개인의 평생의 실제적인 삶이 어떠한지에 대한 인생 추적 평가를 하는 것이다. 일반적인 삶의 지표에서 많이 벗어나서 힘들게 살게 되는 경우가 발생하지 않도록 사회적 약자에 대한 도움을 주는 활동이다. 이는 모든 개개인에게 해당하지는 않는다. 이것은 민생 지표 조사의 또 다른 목적으로 지역별, 계층별, 나이별, 직업별 전형적인 유형의 사람들로부터 가장 동떨어져 있으면서 재정 건전성이 좋지 않은 부류의 사람 중에서 특정인을 지목해서 그 삶을 추적해서 평가하는 것이다. 그래서 그러한 문제가 개인적인 차원의 문제인지 아니면 사회적인 지원의 모순인지를 파악하게 된다. 만약에 지극히 개인적인 차원의 문제라면 필요에 따라 해당 개인에 대한 삶을 개선할 수 있는 도우미 시스템을 가동하게 된다. 만약 사회 구조적인 문제라면 이러한 사각지대라는 구조적인 문제점의 개선을 추진하게 되며, 해당 부류에 대해서는 다시 일어설 수 있는 회생 프로그램을 가동하게 된다.

네 번째는 사회의 구성원 간에 서로 돕고 살 기회와 체계를 제공하는 것이다. 이는 봉사를 원하는 사람들을 위한 것이기도 하고 사회의 재정으로는 모두 감당할 수 없는 부분에 대한 보충이기도 하다. 국가민생본부에서는 국가사회복지시스템을 통해서 그 사회적 도움의 수요를 파악하고 봉사 및 나눔관리시스템을 통해서 사회적 기여 제공자들의 도움이 골고루 적절하게 그리고 모자라거나 과잉이 되지 않고 공급되도록 관리한다. 그럼에도 모자람이 발생할 때는 국가의 복지 재정으로 충당하게 된다.

어떤 일이든지 시작하려면 먼저 준비가 필요하다. 하고자 하는 일이 무엇인지 제대로 파악하는 것과 가고자 하는 길을 바르게 분별하는 것, 그리고 어떠한 단계와 과정들을 거쳐야 하는지도 살펴봐야 한다. 준비 없는 시작은 실패 말고는 다른 선택이 없다. 기본 중에 기본인 기초 연구부터 전환 시작까지의 가치주의 기반 조성 과정을 알아보자.

CHAPTER
06

가치주의 기반 조성

01

가치주의 전환 과정

자본주의에서 가치주의로

　이제부터 자본주의에서 가치주의로 나아가는 길에 대해서 이야기하고자 한다. 시작하기 전에 이 길은 무척 어려운 길임을 밝혀 둔다. 누구라도 예외 없이 고통스러운 길임을 알아 두자. 정권이 바뀌는 정도의 변화가 아니다. IMF 경제 위기 때의 고통은 양반일 것이다. 나라가 바뀌는 정도의 고통도 뛰어넘을 것이다. 아니, 고통이라기보다는 극심한 혼란이다. 모든 것을 한꺼번에 바꾸어야 하기 때문이다. 아마 체계가 갖추어진 국가를 먼저 만들고 이후에 국민들이 들어와서 사는 편이 훨씬 수월할 것이다. 지금 쓰고 있는 것을 과감히 버리고 새로운 것을 받아들여서 익히고 사용한다는 것이 여간 복잡하고 힘든 일이 아니다. 그럼에도 가야 할 것이다. 자본주의라는 배가 침몰해 가고 있기 때문이다. 우리 모두가 물에 빠지기 전에 도전해야 할 것이다.

화폐만을 바꾸는 것이 아니다. 가상화폐를 도입한다고 달라질 것은 별로 없다. 화폐 변환은 그만큼 어려운 일도 아니다. 물론 그것도 막상 시행하려면 쉬운 일만은 아닐 것이다. 경제만을 바꾸는 것이 아니다. 경제 체계가 달라진다고 우리의 삶이 획기적으로 나아지는 것이 아니다. 우리가 필요로 하는 것이 합리적으로 만들어지고 그것이 공평하게 합리적으로 나누어지는 세상이 되어야 획기적으로 나아질 수 있는 것이다. 경제는 틀일 뿐이다. 바뀐 틀이 제 역할을 하려면 산업이 열려야 하고, 교육이 뒷받침해야 하며, 지식이 먼저 꽃을 피워야 가능하다. 여기에 보건과 복지가 뒷받침하고, 모든 것이 제대로 돌아가려면 정치도 바뀌어야 한다. 문화적인 든든한 지원을 받으려면 철학이 바로 세워져야 한다. 뜻이 제대로 세워지고 여기에 국민들이 공감하면 반드시 길이 열릴 것이다.

그림을 보자. 침몰해가는 자본주의 호에서 새로운 세상인 가치주의 호로 갈아타려 하고 있다. 먼저 자본주의 경제에서 쓰이는 화폐들과 경제시스템을 버려야 한다. 지폐도, 예금도, 채권도, 수표도, 연금도, 보험

도, 어음도, 주식도, 이자도, 대출도 예외가 아니다. 모두 쓰레기통에 넣어야 한다. 그러면서 건너갈 다리를 만들어서 연결해야 한다. 튼튼하게 제대로 만들어야 한다. 급조해서 만들면 건너가다가 부러질 수도 있다. 짧게 만들면 닿지도 않을 것이다. 어디서부터 시작해야 할까? 어떻게 진행해야 할까? 과연 잘 건너가서 제대로 정착할 수 있을 것인가?

　이제부터 풀어나가려 한다.

가치주의로의 전환 과정

단계	세부 단계	기간
기초 및 연구 단계	예비 및 기초 연구 단계	0~5년
	인식 확산 및 홍보 단계	2~4년
	의견 수렴 및 합의 단계	4~5년
체계 마련 단계	조직 구성 및 기획 단계	5~6년
	시스템 구성 및 진단 단계	5~8년
기반 완성 단계	시스템 완성 및 준비 완료 단계	8~9년
	최종 합의 및 선포 단계	9~10년
전환 시작 단계	가치주의 전환 시작 단계	10~12년
	가치주의 전환 집중 단계	12~14년
가치주의 출범 단계	가치주의 전환 마무리 및 출범 단계	14~15년
	가치주의 정착 및 실현 단계	15~20년

가치주의로 전환하기 위한 전반적인 단계를 그려 보았다. 기초 및 연구 단계, 체계 마련 단계, 기반 완성 단계, 전환 시작 단계, 그리고 마지막으로 가치주의 출범 단계를 밟게 된다. 시작을 0년으로 보면 총 20년이 걸린다고 보고 있다. 길다고 생각하지 말자. 더 걸릴 수도 있다. 오래 걸릴수록 혼란을 줄이면서 안정적으로 건너갈 수 있기 때문이다. 하지만 마냥 늑장을 부릴 수는 없다. 시간이 많이 남아 있지 않기 때문이다.

기초 및 연구 단계는 예비 및 기초 연구 단계(0년~5년), 인식 확산 및 홍보 단계(2년~4년), 그리고 의견 수렴 및 합의 단계(4년~5년)를 거치게 된다. 체계 마련 단계는 조직 구성 및 기획 단계(5년~6년)와 시스템 구성 및 진단 단계(5년~ 8년)를 거친다. 기반 완성 단계는 시스템 완성 및 준비 완료 단계(8년~9년)와 최종 합의 및 선포 단계(9년~10년)을 거친다. 전환 시작 단계는 가치주의 전환 시작 단계(10년~12년)와 가치주의 전환 집중 단계(12년~14년)을 거친다. 마지막으로 가치주의 출범 단계는 가치주의 전환 마무리 및 출범 단계(14년~15년)와 가치주의 정착 및 실현 단계(15년~20년)를 거친다.

가치주의 전환의 순차적 단계

기초 및 연구 단계, 체계 마련 단계, 기반 완성 단계, 전환 시작 단계의 수안점을 알아보자. 먼저 사다리 그림을 보자. 기초 및 연구 단계는 사다리의 제일 첫 번째 발판이다. 우리는 철학을 먼저 준비해야 한다. 이미 우리는 준비되어 있다. 널리 세상을 이롭게 하는 사람, 홍익인간의 철학 외에 무엇이 더 필요하겠는가? 그래서 가치주의는 우리 대한민국에서 시작해야 한다. 아니 대한민국밖에는 아무도 없다. 홍익 철학을 바탕으로 하는 문화도 만들어지고 사람들의 인식도 바뀌어야 한다. 이미 곳곳에서 시작되었고 시간이 지나면

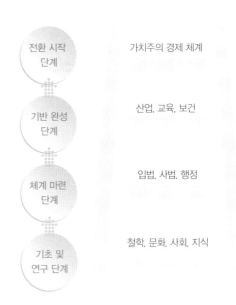

전환 시작 단계	가치주의 경제 체계
기반 완성 단계	산업, 교육, 보건
체계 마련 단계	입법, 사법, 행정
기초 및 연구 단계	철학, 문화, 사회, 지식

지날수록 더욱더 드러나리라고 본다. '사람이 사람답게 살아가야 한다'고 생각하는 우리의 이웃이 많아질 것이다. 그런 이웃들을 보며 때가 가까워오고 있는 것을 하루하루 실감하고 있다.

눈에 보이는 실질적인 준비의 시작은 지식이 될 것이다. 시작해야 할 것이 무척 많다. 가치주의 경제가 시작되더라도 새로운 산업이 펼쳐지지 않으면 소용이 없다. 이를 위해서는 교육으로 산업의 일꾼들을 길러내야 한다. 지식이 녹아 들어가서 밑거름이 되는 것이 시작이다. 새로운 미래의 지식을 만들어 내는 것을 당장이라도 시작해야 한다. 굳이 가치주의 관련 지식이 아니더라도 이건 시급한 일이다. 정치권에서 일자리를 만들어 내겠다고 호언장담하면서 아무도 지식 육성에 대한 이야기가 전혀 없는 것을 보면 임시직만을 만들 것이라는 것을 알 수 있다. 우리는 우리의 꿈을 이룰 일자리가 필요하다. 우리의 인생을 보람되게 하는 일자리가 필요하다. 미래 지식의 주도적인 시작은 민간이

아니다. 국가가 비전을 제시하고 길을 열어야 한다.

　사다리의 두 번째 발판은 체계 마련 단계다. 바로 정치의 변환이다. 앞부분에 가치주의에서의 선거제도, 국회, 행정부, 사법 제도 등 많은 이야기를 이미 기술해 놓았다. 다른 것이 다 바뀌어도 정치가 바로 서지 않으면 이미 바뀐 것들도 원래대로 다시 돌아갈 것이다. 돌아가지 못하더라도 탐욕에 물들고, 비리와 왜곡으로 본질을 잃어버릴 것이다. 정치의 변화를 말하는 것이 아니다. 단지 새로운 정치를 하자고 이야기하는 것이 아니다. 기존의 모습을 완전히 버리고 제대로 된 모습으로 변환하는 것이다. '조금 변화를 시도해보겠다'라는 생각으로는 절대로 바뀌지 않는다. 정치권에 종사하는 기득권자들이 모든 것을 포기하고 완전히 백의종군하겠다는 결단이 없으면 이룰 수 없는 변환이다. 내 것을 내려놓지 않으면서 남의 것을 내려놓게 할 수는 없는 법이다.

　사다리의 세 번째 발판은 기반 완성 단계다. 가치주의 경제의 기반이 되는 산업을 여는 단계, 그리고 이를 뒷받침하는 교육을 변환하는 단계, 더불어 보건과 민생의 체질을 변환하는 단계다. 가치주의 산업과 기업의 모습, 교육과 보건의 모습, 복지와 민생의 모습, 그리고 미래의 일자리와 산업의 근간에 대해서도 앞서 언급해 놓았다. 여기부터는 조금 더 어렵다. 아니, 아주 많이 어렵다. 정치의 변화보다 훨씬 더 많은 고통이 따른다. 기업을 운영하는 분들이 많은 것들을 포기해야 하고 많은 것들을 잃어야 한다. 가지고 있던 재산이라고 여기던 것이 형편없이 줄어들더라도 감내해야 한다. 교육의 변환에서는 사학 재단 소유주들의 내려놓음이 요구된다. 누리던 특권이 사라짐을 인내해야 한다. 보건의 변환은 과연 가능할까 라는 의심부터 든다. 의약업계 종사자분들의 극심한 반발이 눈에 선하다. 국민의 반감도 엄청날 것이다. 지금까지의 치료가 옳다고 굳게 믿고 있기 때문이다. 참으로 난감할 노릇이다.

사다리의 마지막 발판은 전환 시작 단계다. 가치주의 경제 체계로의 변환 시작을 의미한다. 여태까지의 어려움은 그저 시작일 뿐이다. 아니 예고편에 불과하다. 이제부터 고통의 신음소리가 여기저기서 들려온다. 이내 욕설과 탄식이 뒤섞인다. 한쪽에서는 다시 원래대로 되돌아가자고 난리가 난다. 가치주의 전환을 찬성했던 사람들도 불만이 터져 나온다. 가진 것을 완전히 잃어버릴 것 같다는 생각이 우리 모두를 두려움에 떨게 한다. 하지만 견뎌내야 한다. 실물 화폐를 모두 반납해도 우리는 살아갈 수 있다는 것을 믿어야 한다. 주식이 모두 휴지 조각이 되어도 우리는 버틸 수 있어야 한다. 노후를 지켜주리라 굳건히 믿었던 토지와 건물이 가치를 잃어버리고 세금만 축내는 순간에도 우리 모두를 위한 올바른 길이라고 받아들여야 한다. 평생을 모은 재산을 사회에 환원하면서도 사회의 모든 아이들이 나의 자식들이라고 여길 수 있어야 한다.

우리가 가야 할 길은 멀고도 험하다. 하지만 희망이 있다면, 그 마지막에 이상향이 기다린다고 믿는다면 우리는 먼 길을 노고가 아닌 즐거운 여정으로 여길 것이다. 험한 길이 괴로움이 아닌 오히려 즐거움이 될 것이다. 이어지는 내용을 받아들이려면 먼저 그런 마음가짐이 필요할 것이다.

02

{ 가치주의 실현을
위한 기초 연구 }

가치주의 실현을 위한 기초 연구

가치주의 실현을 위한 기초 연구를 알아보자. 우리가 필요로 하는 재화나 서비스를 가치로 산정하는 방법에 대한 연구가 필요하다. 상당히 어려운 연구다. 이 연구가 가치주의 시대를 여는 가장 필수적인 열쇠다. 이 고비를 넘지 못하면 절대로 가치주의로 갈 수 없다. 경제와 연관된 모든 분야가 그 대상이다. 수많은 인력이 이 연구에 동참해야 한다. 한두 사람이 할 수 있는 것이 아니다. 다양의 직업에 종사하는 분들의 참여가 절실하다. 아무리 명석한 두뇌로 이론을 만들려고 해도 그 분야를 가장 잘 아는 사람만 못하기 때문이다.

어떤 분야가 있는지 살펴보자. 큰 부류로만 언급하고자 한다. 실제로는 큰 줄기 밑에 많은 큰 가지들이 연결되어야 한다. 큰 가지들 밑에 훨씬 많은 작은 가지들이 붙어 있어야 한다. 그 밑에는 헤아릴 수 없이 많은 잎들이 달려 있어야 한다.

식량　　에너지　　공산품　　서비스　　　　　　→　¥ 가상 가치

일반 재화의 가치 산정 원리 연구	일반 서비스의 가치 산정 원리 연구	산업 기술의 가치 산정 원리 연구	보건 기술의 가치 산정 원리 연구
학문 연구에 대한 가치 산정 원리 연구	교육 서비스의 가치 산정 원리 연구	부동산의 가치 산정 원리 연구	토지의 사용에 대한 조세 연구
공공 서비스의 가치 산정 원리 연구	가치 산정의 산업 전반 확대 적용 연구	가치 산정의 공공 부문 확대 적용 연구	토지 조세 및 건물 사용 가치 실무 연구

홍익 지수

긍정 행위의 홍익지수 산정 연구	부정 행위의 홍익지수 산정 연구	홍익지수의 혜택에 대한 연구

　각각의 잎을 확대해 보면 그 안에 수많은 작은 수맥들이 보인다. 이런 부분까지도 모두 연구에 포함해야 한다. 그리고 모든 연구의 결과들은 해당 분야 직업 종사자들의 검증이 필요하다. 자신이 하고 있는 일이 얼마나 가치 있는 일인지 스스로가 확신할 것이다.

　일반 재화의 가치 산정 원리 연구, 일반 서비스의 가치 산정 원리 연구, 산업 기술의 가치 산정 원리 연구, 보건 기술의 가치 산정 원리 연구, 학문 연구의 가치 산정 원리 연구, 교육 서비스의 가치 산정 원리 연구, 부동산(건물)의 가치 산정 원리 연구, 토지 사용의 가치 산정 원리 연구, 공공 서비스의 가치 산정 원리 연구까지 큰 줄기의 원리 연구만 해도 정말로 방대한 연구다. 이것은 시작일 뿐, 이 연구를 기초로 해서 모든 분야에 대한 확대 적용 연구가 뒤따라야 한다. 그것도 큰 줄기만

표현해 보자. 가치 산정의 산업 전반 확대 적용 연구, 가치 산정의 공공 부문 확대 적용 연구, 토지 조세 및 건물 사용 가치 실무 연구.

홍익 지수에 대한 연구도 필요하다. 긍정 행위의 홍익지수 산정 연구, 부정 행위의 홍익지수 산정 연구, 그리고 홍익지수의 혜택에 대한 연구다. 항목의 숫자가 적다고 쉽다는 것을 뜻하지는 않는다. 눈에 보이지 않는 무형의 것에 가치를 부여하는 것은 좀 더 어려운 일이다. 이러한 연구들이 진척이 있고 결과들이 나오기 시작하면 가치주의가 눈에 보이지 않는 허상이 아닌 실상으로 바뀌기 시작할 것이다. 그림의 떡에서 당장 맛볼 수 있는 떡으로 우리 앞에 나타날 것이다. 실현 불가능한 이상이 아닌, 곧 다가올 미래가 될 것이다.

가치주의 기반 조성

가치주의 체계 마련 및 기반 조성

기초 연구가 어느 정도 성과를 이루면 가치주의 실현 여부가 가시권 안으로 들어오기 시작한다. 그 타당성이 어느 정도 증명되면 가치주의 체계 마련에 들어갈 수 있다. 정치와 산업, 교육과 보건과 민생을 동시에 알아보자. 여기서는 개략적인 언급만 하고자 한다. 자세한 사항이나 언급이 안 된 사항도 앞서 기술된 내용을 찾아보면 된다. 한 번 더 훑어보더라도 그리 많은 시간이 들지는 않는다.

정치 및 행정은 부화 방식 등의 새로운 선거 제도의 도입, 행정 체계의 재정비 및 행정 조직의 완비, 자연법 기반의 사법 체계 준비로 요약된다. 산업은 시간급에서 가치급으로 전환, 기업 업무에 대한 분류 및 정리, 업무 수행에 대한 가치 평가 기준 마련으로 요약된다. 교육은 경쟁이 아닌 배움을 위한 학생 교육 체계 마련, 직무 수행을 위한 평생 교육 체계 마련, 국가인재관리시스템 구축으로 요약된다.

정치 및 행정	· 부화 방식 등의 새로운 선거 제도의 도입 · 행정 체계의 재정비 및 행정 조직의 완비 · 자연법 기반의 사법 체계 준비
산업	· 시간급에서 가치급으로 전환 · 기업 업무에 대한 분류 및 정리 · 업무 수행에 대한 가치 평가 기준 마련
교육	· 경쟁이 아닌 배움을 위한 학생 교육 체계 마련 · 직무 수행을 위한 평생 교육 체계 마련 · 국가인재관리시스템 구축
보건	· 돈벌이가 아닌 치료를 위한 보건 체계로 전환 · 합리적이고 빈틈없는 의료 체계의 구축 · 건전한 보건 문화 조성
민생	· 사람다운 삶을 살도록 지원하는 교육, 보건과 연계된 가치주의 복지 체계 마련 · 국가민생본부를 중심으로 민생관리체계 마련

　　보건은 돈벌이가 아닌 치료를 위한 보건 체계로 전환, 합리적이고 빈틈없는 의료 체계의 구축, 건전한 보건 문화 조성으로 요약된다. 민생은 사람다운 삶을 살도록 지원하는 교육, 보건과 연계된 가치주의 복지 체계 마련, 국가민생본부를 중심으로 하는 민생관리체계 마련으로 요약된다.

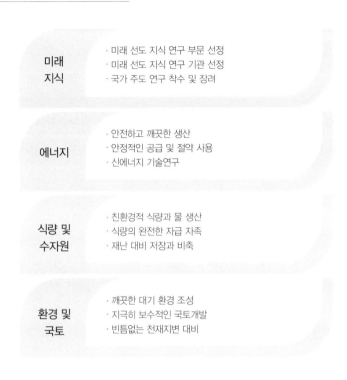

미래 지식	· 미래 선도 지식 연구 부문 선정 · 미래 선도 지식 연구 기관 선정 · 국가 주도 연구 착수 및 장려
에너지	· 안전하고 깨끗한 생산 · 안정적인 공급 및 절약 사용 · 신에너지 기술연구
식량 및 수자원	· 친환경적 식량과 물 생산 · 식량의 완전한 자급 자족 · 재난 대비 저장과 비축
환경 및 국토	· 깨끗한 대기 환경 조성 · 지극히 보수적인 국토개발 · 빈틈없는 천재지변 대비

　어떠한 것을 성취하더라도 그것의 기반이 되는 것을 잃어버리면 아무 소용이 없다. 어떠한 뛰어난 성과를 얻더라도 가장 기초가 되는 기본을 잃어버리면 말짱 도루묵이다. 우리의 밝은 미래를 제대로 열기 위해서 반드시 기반이 되어야 하는 것을 한 번 더 언급하고자 한다. 이미 앞서 언급한 내용이다. 자세한 사항은 앞부분을 참조하자.

　미래 지식은 미래의 산업을 열기 위한 열쇠가 된다. 지금의 산업에 안주하지 말고 미래의 산업을 열어야 하는 것을 잊지 말자. 그러려면 미래의 지식을 반드시 우리의 지혜로 개척해야 한다. 우리는 해낼 능력을 이미 가지고 있다. 에너지는 미래의 무기다. 우리나라가 어떠한 나라에게도 꿀리지 않고 큰소리를 치려면 에너지 자급자족을 이루어야 한다. 그것도 친환경 에너지만으로 해내야 한다. 신에너지 기술 연구는 내일의 선택이 아닌 당장 발등에 떨어진 불이다. 식량 및 수자원도 역시 미래의 무기다. 우리나라는 천혜의 땅이다. 식량과 수자원 부족은 우리의 의지가 부족한 탓이다. 식량과 특히 주요 곡물의 완전한 자급자족은 필수적인 일이다. 농업은 과거의 산업이 아니라 미래의 산업이다.

우리의 환경을 잃어버리면 모든 것을 잃어버리는 것이다. 우리의 자연은 그동안 많이 인내해 왔다. 더 이상 그 인내를 지속할 힘이 남아있지 않다. 지극히 위험한 핵발전을 당장 퇴출시켜야 한다. 그 정도의 에너지 부족은 빠른 시간 내에 해결책을 찾을 수 있다. 그 정도의 지식과 지혜는 우리에게 이미 있다. 그 이후 화력발전소도 퇴출시켜야 한다. 그러려면 신에너지 개발이 어느 정도 성과가 있어야 한다. 황사와 미세 먼지 감소를 위해서 중국 네이멍구 지방의 초목화 사업은 빠른 시간 내에 협상에 들어가야 한다. 잦아지는 지진에 대비해서 그리고 백두산의 화산 폭발에 대비하는 연구도 착수해야 한다. 당장의 국토 개발도 신중하고 친환경적으로 추진해야 한다. 이미 초토화된 4대강의 모습도 원래대로 돌리는 일을 시작해야 한다. 자연을 자연에게 돌려주는 것은 우리 후손에게 남겨주는 가장 가치 있는 유산이다.

04

{ 산업/일자리의 변환 }

산업/일자리의 변환

　가치주의 산업과 일자리로의 변환을 살펴보자. 먼저 시간급에서 가치급으로의 전환이 필요하다. 이에 대한 개념은 앞서 언급된 내용을 보면 된다. 우리는 이제 시간에 따라서 또는 직급에 의해서 보수를 받는 것이 아니라 우리 직무의 평가에 따라서 또는 수고한 일의 가치에 따라서 보수를 받는 그런 직장으로 바뀌어야 한다. 우리 모두가 사회에 가치 있는 기여를 하는 그런 인재들로 바뀌어야 한다.

　기업 업무에 대한 명확한 분류 및 정의가 필요하다. 단순한 분류가 아닌 체계적인 그리고 상세한 분류가 필요하다. 그리고 업무의 목적이 무엇인지, 어떠한 결과물이 요구되는 것인지, 그것을 이루기 위한 과정은 어떠한지, 각 단계별 성취 과제는 무엇인지 등 명확한 정의가 내려져야 한다. 해당 업무의 얼마만큼의 가치가 투자되거나 소모되는 지도 명확하게 정의되어야 한다. 이것이 가치 산정을 위한 기초 작업이다.

시간급에서 가치급으로 전환	· 정규직과 비정규직의 구분 탈피 · 정해진 시간에 맞는 임금 지급이 아닌 가치 창출에 맞는 대가 지급 · 직급에 의거한 보수 책정이 아닌 직무 및 철저한 평가에 의한 보수 지급 · 노동운동에 의한 임금 상승이 아닌 보다 가치 있는 기여로 임금 상승
기업 업무에 대한 분류 및 정의	· 고정성 업무/변동성 업무/ 기타 업무로 분류 및 그 하위 업무 분류 · 고정성 업무 : 개별적 업무에 대한 명확한 목적/정의/절차 마련 · 변동성 업무 : 평균적 업무에 대한 일반적 목적/정의/절차 마련 · 기타 업무 : 해당 업무의 일반적 목적/정의/과제/지침 마련 · 업무별 노동강도/소요시간/위험도/ 난이도/숙련도/기피도/피로도 정의
업무 수행에 대한 가치 평가 기준 마련	· 고정성 업무의 개별적 성과에 대한 정의/분류/대가 기준 마련 · 변동성 업무의 개별적 성과에 대한 정의/분류/대가 기준 마련 · 기타 업무의 해당 성과에 대한 정의/분류/대가 기준 마련 · 개별적이 아닌 연대적 업무의 성과에 대한 정의/분배/대가 기준 마련 · 기업의 업무 정의/성과/대가에 대한 가치평가소의 승인

　업무 수행에 대한 가치 평가 기준이 마련되어야 한다. 업무에 대한 분류 및 정의를 바탕으로 각 개별 업무에 대한 단계별 그리고 종합적인 가치 산정 기준이 마련되어야 한다. 먼저, 각 기업들이 이 작업을 할 수 있도록 가치 산정 기준에 대한 가이드 라인이 제시되어야 한다. 그리고 나서 수많은 기업이 이러한 기업에 맞는 가치 산정 기준을 만들어 내고 이를 가치평가소에서 승인하는 과정을 거쳐야 한다. 이 과정을 마치고 나면 각 기업들이 직원들의 업무에 대한 가치 평가 기준이 마련되는 것이다. 물론 처음부터 완전할 수는 없다. 한번 만들었다고 끝나는 것도 아니다. 상황에 맞도록 개정 작업이 이어져야 할 것이다.

05

{ 공무의 변환 }

공무의 변환

가치주의에서는 공무원들의 역할이 매우 중요하다. 가치주의 운영을 위한 필수적인 공무의 영역이 새롭게 생긴다. 기존의 공무에서 제외될 분야도 있다. 공무란 국가나 사회의 근간을 제공하는 필수적인 일들이며, 개인이 아닌 공공의 유익이 목적인 경우 공무의 영역에 포함된다.

우선, 가치주의에 필요한 공무에 대한 명확한 정의를 통한 분류와 조직 구성이 요구된다. 각 공무의 목적에 맞는 업무 정의 및 단계별 수행 과제와 결과물 정의도 이루어져야 한다. 공무 인력, 시설, 장비 등의 요구 조건과 최적 운영의 방안도 마련되어야 한다. 두 번째는 이를 바탕으로 각 공무의 가치 산정 기준을 마련하는 일이다. 마지막으로 역동적으로 변하는 국가 상황에 맞는 공무 역할의 변화에 대한 정의가 필요하다. 국가의 재정 수입을 고려한 역할 변화, 공공의 필요성 변화를 반영하는 공무의 변화, 국제 정세를 고려한 변화, 그리고 국정 운영 기조

225

의 변화에 맞는 공무의 역할 조정에 대한 정의를 마련하는 것이다.

국가나 사회의 근간을 제공하는 필수적인 일들을 공무라고 하며, 개인이 아닌 공공의 유익이 목적인 경우 공무의 영역에 포함시킨다.

필요한 공무의 명확한 분류 및 조직 재정비
· 시대와 상황에 맞는 공무의 재정의/재분류/조직 구성
· 각 공무별 대분류/중분류/소분류의 목적/정의/역할/과제/수행지침 마련
· 각 공무별 해당 목적에 맞는 소요 인력의 주기적 파악 및 최적 운영
· 각 공무별 해당 목적에 상응하는 시설/장비 파악 및 최적 운영
· 필요 공무에 대한 운영 연속성의 상시적 점검으로 운영 공백 사태 방지

공무의 가치산정 및 평가
· 공무의 공공성에 부합하는 일반적인 업무 수행의 가치산정 기준 마련
· 각 공무에 대한 명확한 목적/정의/절차/과제 마련
· 각 공무의 개별적 수행의 성과에 대한 정의/분류/대가 기준 마련
· 각 공무의 연대적 수행의 성과에 대한 정의/분류/대가 기준 마련

역동적인 국가 상황을 반영한 공무 역할 조정
· 국가의 재정 수입에 맞는 공무의 역할 확대 또는 축소 정책 운영
· 공공의 필요성 변화를 반영한 공무의 역할 확대 또는 축소 정책 운영
· 국제 정세의 변화를 반영한 공무의 역할 확대 또는 축소 정책 운영
· 미래의 국가 운영 기조를 반영한 공무의 역할 확대 또는 축소 정책 운영

06

{ 교육의 변환 }

교육의 변환

가치주의 교육 제도에 대해서도 이미 앞서 자세한 언급을 했다. 가치주의 교육으로의 변환 1단계는 대학 교육 개혁이다. 이는 미래 지식을 선도하는 학술연구기관으로 그리고 산업인, 일반인, 장애우를 위한 교육기관으로 변환하는 과정이다.

미래 지식을 선도하는 학술연구기관으로, 산업인/일반인/장애우 교육기관으로 개편

중장기적 관점에서 국가에 필요한
지식을 창출할 학술 연구 부문 선정

학술 연구를 주도할 특성화 대학 선정
및 연구 분야별 인재 양성 규모 선정

학술 연구 특성화 대학의 국립화 또는
공립화 (지식 창출의 국가 주도화)

토지 공개념(교육용 면세) 적용 및
건물/시설/재산에 상응하는 가치 지불

학술 연구 대학을 중심으로 해당 지역
대학의 통폐합 → 테마형 연구 중심 대학

일반 대학 내에 산업인교육과정/평생
교육과정/장애우교육과정의 신설 및 운영

장기적으로 일반 대학도 국립화 또는
공립화 추진 (모든 교육의 국가 주도화)

227

가치주의 교육으로의 변환 2단계는 학생 교육 개혁이다. 경쟁이 아닌 진정한 배움을 위한 교육이 되도록 학생 교육 과정을 정상화하는 것이다.

경쟁이 아닌 진정한 배움을 위한 교육이 되도록 학생 교육과정의 정상화

학제 개편 준비 : 유년/초등/중등/고등
과정의 신규/폐지 과목 선정 및 교육 준비

초등학교 내 2년제 유년과정 신설 및 운영 :
시설 보완/교사 충원/교육안 마련

4년제 중등과정/고등과정 운영 :
시설 보완/교사 충원/교육안 마련

모든 학교의 공립화/국립화 :
건물/시설/재산에 상응하는 가치 지불

고등 과정 졸업 후 곧바로 사회
진출이 가능한 산업 여건 마련

참된 배움의 기회와 잠재력 향상을 위해
입시제도 폐지 및 불필요한 사교육 제한

모든 학생 교육 과정의 의무화 및
전면 무료 교육 시행이 가능한 예산 집행

가치주의 교육으로의 변환 3단계는 국가인재관리시스템을 구축하는 것이다. 교육관리시스템, 직업관리시스템, 그리고 지식관리시스템을 총괄하는 국가인재관리시스템을 구축하는 것이다.

교육관리시스템/직업관리시스템/지식관리 시스템을 총괄하는 국가인재관리시스템 운영

산업인교육/공공부문교육/평생교육/
장애우교육 부문의 교육 프로그램 준비

대학/행정기관/기업체/특수교육기관
등의 교육기관 선정 및 교육 과목 개설

스마트기기 또는 인터넷을 통한
접근 용이한 교육 과목의 개설 및 운영

교육관리시스템의 교육공급지도를
활용한 제한 없는 배움의 기회 부여

직업관리시스템의 국가산업지도를
활용한 교육과 최적의 일자리와의 연결

지식관리시스템의 국가지식지도를 통해서
학술 연구를 사회적 지식으로 집대성

국가인재관리시스템을 통해서
교육/직업/지식을 사회적 가치 창출로 연결

가치주의 교육으로의 변환 4단계는 교육 문화의 변환이다. 가치주의 교육을 제대로 실현하기 위해서는 올바른 교육 문화의 정착이 반드시 요구된다.

가치주의 교육을 제대로 실현하기 위해 반드시 요구되는 올바른 교육 문화의 정착

교육을 통해 이익을 얻는 것이 아니라
사회 전체에 유익이 돌아가도록 하는 문화

+

경쟁에서의 승리를 통한 독점이 아닌
협력과 상생을 중요시하는 문화

+

자신에게 맞는 적성과 인생의 올바른
방향을 찾도록 끝까지 도와주는 문화

+

언제든지 배움을 통해서
새로운 사회적 역할을 찾도록 하는 문화

+

사회적 취약계층도 언제든지 배움을
통해서 사회적 기여자가 될 수 있는 문화

+

산업 및 직업과 바로 연계되고
사회의 요구에 부합하는 교육 문화

+

사회의 부적응자까지도 꼭 필요한 인재로
살아갈 수 있도록 이끌어 주는 문화

07

{ 보건의 변환 }

　가치주의 보건 제도에 대해서도 이미 앞서 자세한 언급을 했다. 가치주의 보건으로의 변환 1단계는 가치 보건 연구다. 돈을 버는 의료가 아닌 올바른 치료라는 가치를 제공하는 의료를 위한 제반 연구를 하는 것이다.

돈을 벌기 위한 의료가 아닌 올바른 치료라는 가치를 제공하는 의료를 위한 제반 연구

가치 보건 연구 : 보건부 주관, 대학 및 의료기관 참여, 치료의 올바른 방향 연구

치료의 사례 연구 : 올바른 치료의 사례 연구, 잘못된 치료의 사례의 통계적 연구

치료 후 환자의 삶 연구 : 치료 이후 환자의 실제적인 삶에 대한 통계적 연구

치료를 위한 서비스 투입과 실제 거두는 효과를 고려한 치료의 효율성 연구

치료의 가치 분석 연구 : 환자의 건강 회복에 기여한 가치, 고통과 희생 가치 등

의학적인 치료 이외에 환자의 회복에 실제적으로 영향을 주는 인자에 대한 연구

각 질병 별 환자의 회복과 정상적인 생활 복귀를 위한 합리적인 치료의 방향 연구

가치주의 보건으로의 변환 2단계는 보건 체계의 재정비다. 보건의 체계를 가치주의 보건이 실현될 수 있는 체계로 재정비하는 것이다.

보건의 체계를 가치주의 보건이 실현될 수 있는 체계로 재정비한다.

병원을 규모별/권역별로 묶어서
하나의 체계로 연결하고 보건산업청에서 관리

한의원 등 소형 의료기관의 규모별/권역별
체계 연결 및 보건산업청에서 관리

약품/의료기 개발 및 공급처의 운영을
보건산업청에서 체계적 관리

긴급 의료지원시스템 구축으로 지역별/
권역별 긴급 의료 사태 대비 체계 마련

지역별/권역별 감염성 병원균
대응 체계 및 긴급 방역 체계 마련

보건관리시스템 구축으로 전국민의
평생 동안의 건강관리체계 마련

각 보건체계에 맞는 조직과 인력 구성
및 필요한 장비와 시설 점검/완비

가치주의 보건으로의 변환 3단계는 보건 재정의 운영 변환이다. 보건은 국가의 책임 영역으로 들어와야 한다. 따라서 보건 재정도 국가가 주도해서 운영해야 한다.

보건은 국가의 책임이며, 따라서 보건 재정도 국가가 주도적으로 운영한다.

보건 관련 재정 지출의 근간은 국가의
책임으로 운영하며, 건강보험은 폐지

치료 가치 적용의 철저한 관리로
과잉 진료와 투약으로 지출되는 손실 최소화

치료의 정상화로 야기되는 의료기관의
재정 부족을 보건산업청을 통해 보전

치료의 정상화로 발생하는 잉여 의료
인력의 필수적인 부분을 국가가 재정 부담

약물 오남용의 철저한 방지로 야기되는
필수적인 제약사의 재정 부족 보전

국민들의 가상가치관리시스템과 연동한
보건 재정 운영 체계 마련

재정이 부족한 국민이 의료 서비스를
받고자 할 때 보건 관련 재정 지출 지원

가치주의 보건으로의 변환 4단계는 미래 보건의 개척이다. 보건의 미래도 당연히 국가의 책임 영역이다. 미래 보건 연구의 역할도 국가가 주도해야 한다.

보건의 미래도 국가의 책임이며, 미래 보건 연구의 역할도 당연히 국가의 몫이다.

+ 보건산업청을 중심으로 의료기관들과 공동으로 추진하는 미래 의료 학술 연구

+ 보건산업청을 중심으로 제약회사들과 공동으로 자연 신약의 연구 및 개발

+ 의료 관련 정보 데이터의 축적 및 통계적 분석과 관리로 의료 기술 발전에 활용

+ 중앙의료정보시스템을 통해서 최신 의료 기술 및 정보를 모든 의료기관 공유 사용

+ 동양의학과 서양의학의 장점을 융합하는 통합의학의 미래적인 방향 연구

+ 유전자 변형, 복제, 장기 이식, 존엄사, 임신 중절, 뇌사 등 생명 윤리에 대한 연구

+ 질병 발병의 정신적 영역 역할에 대한 연구 및 정신의학적 치료 방법 연구

가치주의 보건으로의 변환 5단계는 건전한 보건 문화 보급이다. 가치주의 보건이 제대로 실현되기 위해서는 올바른 보건 문화의 정착이 필수적이다.

가치주의 보건을 제대로 실현하기 위해 반드시 요구되는 올바른 보건 문화의 정착

+ 약과 치료는 반드시 필요한 경우에만 제한적으로 허용하는 문화

+ 자신의 병을 의사가 치료하더라도 치료의 주체는 스스로임을 자각하는 문화

+ 스스로의 면역을 가장 유능한 주치의로서 신뢰하는 문화

+ 채식 위주의 식사와 기초 대사량에 맞는 식사량을 지키는 문화

+ 과하지 않은 운동을 적절히 유지하며 자연과 어울리는 생활을 하는 문화

+ 스트레스를 해소할 수 있는 취미와 동료와의 적절한 유대관계를 갖는 문화

+ 긍정적인 마음가짐과 열린 사고를 지향하는 문화

두려운 이야기를 펼치려 한다. 어떠한 어려움이 닥칠지 아무도 모른다. 욕을 먹더라도 어떠한 위협이 있더라도 용기를 잃지 말아야 한다. 극심한 혼란에도 정신을 차리고 끝까지 견뎌내야 한다. 물질욕에 빼앗긴 인간의 자유를 다시 찾기 위해서다. 경제의 변환은 경제가 아닌 우리의 삶을 바꿀 것이다. 돈과 이기심은 생명을 다하겠지만, 사람이 사람답게 살게 될 것이다.

CHAPTER 07

경제의 변환과
가치주의 출범

01

경제 변환의 단계

경제의 변환이란

이제부터 가장 힘든 이야기를 하려고 한다. 자본주의에서 가치주의로 본격적으로 전환하는 이야기다. 앞서 설명한 대로 모든 기반이 갖추어지고 나서야 시작할 수 있다. 모든 여건이 완벽하게 마련되지 않은 상태에서는 아무것도 시도해서는 안 된다. 실패의 수순이 명약관화할 뿐이다. 그리고 그 실패로 말미암아 다시는 가치주의라는 말을 꺼내지도 못할지도 모른다. 한 걸음도 내딛지 않은 것만 못한 것이다. 어디부터 이야기를 꺼내야 할지 무척이나 망설여진다. 이 세상에 한 번도 나오지 않은 새로운 길을 혼자서 개척해서 선보이려니 막막할 따름이다. 처음 등장하는 이야기에 낯설고 거북할 수도 있지만, 비판보다는 관용과 너그러움으로 이후의 진행 내용을 이해하길 바랄 뿐이다.

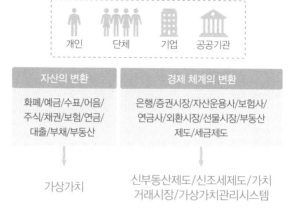

| 개인 | 단체 | 기업 | 공공기관 |

자산의 변환	경제 체계의 변환
화폐/예금/수표/어음/ 주식/채권/보험/연금/ 대출/부채/부동산	은행/증권시장/자산운용사/보험사/ 연금사/외환시장/선물시장/부동산 제도/세금제도
↓	↓
가상가치	신부동산제도/신조세제도/가치 거래시장/가상가치관리시스템

경제의 변환은 자산의 변환과 경제 체계의 변환을 의미한다. 자산의 변환은 자본주의에서 쓰던 자산들을 어떻게 가치주의에서 인정하는 자산의 형태로 바꿀 것인가 하는 이야기다. 자본주의의 자산은 무엇인가? 화폐와 예금, 수표와 어음, 주식과 채권, 보험과 연금, 대출과 부채, 그리고 부동산도 우리가 흔히 인식하는 자본주의에서 통용되는 자산일 것이다. 가치주의에서 통용되는 물질적인 자산은 가상가치뿐이다. 개인의 자산이, 단체의 자산이, 기업의 자산이, 그리고 공공기관이나 국가의 자산이 어떻게 가상가치로 변환될 수 있을 것인가? 어떤 방향으로 가야만 가장 합리적이고 공평한 길일까? 누구라도 수긍하며, 누구라도 옳다라고 인정하는 길일까? 과연 그런 길은 존재하는 것일까? 그저 막막할 뿐이다.

경제 체계의 변환은 자본주의 경제 체계를 가치주의 경제 체계로 바꾸는 것이다. 이 또한 감이 잘 잡히지 않는다. 은행, 증권사, 보험사, 연금사, 자산운용사 등의 기관들, 증권시장, 외환시장, 채권 시장, 선물

시장, 부동산 시장 같은 거래 체계들, 그리고 세금과 같은 제도들이 자본주의의 경제 체계를 이루고 있다. 이것을 가치거래시장, 가상가치관리시스템, 그리고 신 부동산제도와 신 조세제도로 대표되는 가치주의 경제 체계로 어떻게 변환할 수 있을 것인가? 개인, 단체, 기업 그리고 공공기관과 국가가 이러한 변환에서 어떠한 점을 받아들이며, 어떠한 역할을 감당해야 할까? 이제부터의 이야기에 놀라지 말자. 미리 가슴을 쓸어내리고 시작하자. 마음먹기에 따라서는 가슴 벅찬 이야기가 될 수도 있다.

자산의 변환이란

가치주의로의 경제 변환에서 먼저, 자산의 변환을 이야기할 것이다. 다음의 그림을 보자. 자본주의의 자산을 가치주의의 자산인 가상가치로 변환하는 과정 중에 가상화폐를 거쳐 가도록 길을 제시하고자 한다. 여기서 가상화폐와 가상가치를 혼동하면 안 된다는 점을 명확히 하고 시작하고자 한다. 가상화폐는 그저 가상의 화폐인 것이다. 유형의 자산이 무형의 가상화폐로 바뀐 것만을 의미한다. 여전히 자본주의에 속한 상태라는 것이다. 이것이 한 번 더 변환해서 가상가치로 바뀌어야 변환이 마무리된다. 가상화폐로 징검다리를 놓는 이유는 급격한 변환에 따라 예상되는 극심한 혼란을 줄이기 위해서다. 가상화폐를 쓰는 것만으로도 큰 혼란일 것이다. 이러한 혼란을 미리 겪고 나면 좀 더 쉬운 길이 열릴 것이다. 또 하나의 이유는 가치 변환이 편리하다는 장점과 오류를 최대한 줄일 수 있다는 장점이 있다.

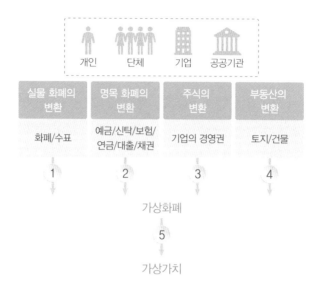

개인　　단체　　기업　　공공기관

실물 화폐의 변환	명목 화폐의 변환	주식의 변환	부동산의 변환
화폐/수표	예금/신탁/보험/ 연금/대출/채권	기업의 경영권	토지/건물
1	2	3	4

가상화폐

5

가상가치

　①의 변환에서는 자본주의의 실물 화폐인 화폐와 수표를 가상화폐로 바꾸는 길을 제시할 것이다. ②의 변환에서는 자본주의의 명목화폐인 예금, 신탁, 보험, 연금, 대출, 채권 등을 가상화폐로 바꾸는 길을 제시할 것이다. ③의 변환에서는 기업의 주식을 기업의 경영권을 나타내는 자본가치로 변환하는 길을 제시할 것이다. ④의 변환에서는 부동산인 토지와 건물이 어떻게 가상가치의 개념으로 바뀌는지를 설명할 것이다.

경제 체계의 변환이란

　가치주의로의 경제 변환에서 경제 체계의 변환을 이야기할 것이다. 자본주의 체계 금융회사들인 은행, 증권회사, 보험사, 연금사 등은 어떻게 될 것인가? 한마디로 모두 사라져야 한다. 금융회사 종사자들은 가치주의 경제 체계에 맞는 일자리로 직종을 변경해야 할 것이다. 극심한 반발과 저항이 예상된다. 하지만 돈 관리로 혹은 돈 놀이로 돈을 번다는 것은 잘못된 일일 뿐이다. 긍정적인 측면이 없는 것은 아니지만 이자도, 주식도, 보험도, 연금도 사라지는 가치주의에서는 어쩔 수 없는 일이다.

자본주의 경제 체계의 거래시장인 재화나 서비스 거래 시장과 증권시장 등은 가치거래시장과 자본가치거래시장으로 변환된다. 자본주의 부동산 제도는 가치주의에 맞는 신 부동산 제도로 변환된다. 자본주의 조세 제도도 가치주의에 맞는 신 조세제도로 바뀌게 된다.

본격적인 가치주의의 출범

앞서 설명한 자산의 변환과 경제 체계의 변환이 모두 마무리되면 본격적으로 가치주의를 출범할 수 있다.

기초 및
연구 단계

체계 마련
단계

기반
완성 단계

·홍익 철학의 보편화 · 선거제도 변환 · 가치주의 산업 및 일자리
·가치주의 문화 · 가치주의 국회 · 가치주의 교육 제도
·사회적 합의 시작 · 가치주의 행정부 및 조직 · 가치주의 보건 제도
·가치주의 지식 연구 · 가치주의 사법제도 · 가치주의 민생

전환
시작 단계

가치주의
출범 단계

· 자본주의 자산 및 · 가상가치관리시스템/
  경제 체계의 가치주의 변환   홍익지수관리시스템/
· 가치주의 경제운영 시작   가치거래시장 본격 운영
                      · 가치주의 부동산 및
                        조세제도 본격 운영

요약해 보면 기초 및 연구 단계에서는 철학과 문화 그리고 가치주의 지식 연구를 시작해야 한다. 체계 마련 단계에서는 정치의 변환을 이루어야 한다. 기반 완성 단계에서는 산업과 일자리, 교육, 보건 그리고 민생까지도 가치주의에 맞도록 변환해야 한다. 가장 힘든 과정인 전환 시작 단계는 경제의 변환을 의미하며 자산의 변환과 경제 체계의 변환을 해내야 한다.

이 과정까지 도달하면 드디어 본격적으로 가치주의를 출범할 수 있는 준비가 끝난 것이다. 가상가치관리시스템과 홍익지수관리시스템, 그리고 가치거래시장을 열어서 가치주의를 시작하게 된다. 가치주의 부동산 제도와 가치주의 조세제도도 동시에 본격적으로 운영하게 된다. 그제야 가치주의의 시작이라고 말할 수 있다.

02

{ 자산의 가상가치로의 변환 }

①-1 실물 화폐를 가상화폐로

실물 화폐인 화폐나 수표를 가상화폐로 바꾸는 과정이다.

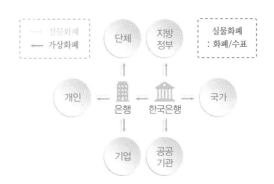

· 실물 화폐 : 화폐나 수표와 같이 바로 통용되는 자산으로 가상화폐로 바로 바꿀 수 있다.
· 개인/단체/기업의 실물 화폐는 거래 은행을 통해 접수하면 가상 계좌를 통해 가상 화폐로 지급한다.
· 공공기관/지방정부/국가의 실물화폐와 개인/단체/기업 으로부터 받은 실물 화폐는 한국은행에서 가상화폐로 지급한다.
· 가상화폐로 교환되면 수거된 실물화폐는 영구히 폐기된다.

실물 화폐는 화폐나 수표와 같이 바로 통용되는 자산으로 가상화폐로 바로 바꿀 수 있다. 개인, 단체, 기업의 실물 화폐는 거래 은행을 통해 접수하면 가상 계좌를 통해 가상화폐로 지급 받는다. 공공기관, 지방정부, 국가의 실물화폐와 개인, 단체, 기업으로부터 받은 실물 화폐는 한국은행에서 가상화폐로 지급 받는다. 가상화폐로 교환되면 수거된 실물화폐는 영구히 폐기된다.

①-2 가상화폐의 도입 및 대체

가상거래시스템 준비	가상화폐 거래를 위한 사용자 제반 여건 준비
가상화폐 거래 시범 운행	가상거래시장 오픈
가상화폐를 통한 물물교환의 공식적 시작	기존 통화의 일부 회수 및 상응하는 가상화폐 유통
가상화폐의 통화 역할 확대 적용	
기존 통화의 신규 발행 중단	신규 통화 발행은 가상 화폐로 발행
기존 통화의 단계적 축소	가상화폐 통화의 단계적 확대
가상화폐의 전면적 시행을 위한 제반 환경 완비	기존 통화의 유통 중단 및 회수
가상 화폐의 전면적 시행	

여기서는 가상화폐가 도입되어서 제 역할을 하기까지의 과정을 보여
주고자 한다. 각 단계별로 해야 할 일을 순서대로 나열했다.

가상거래시스템을 준비해서 여는 것을 시작으로 가상화폐 거래 시장
의 시작과 가상화폐의 역할 증대, 그리고 기존 통화의 축소, 기존 통화
의 중단, 마지막으로 가상화폐의 전면적 시행까지 진행하게 된다.

②-1 명목화폐를 가상화폐로

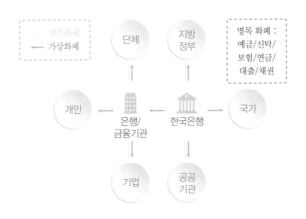

명목화폐를 가상화폐로 변환하는 과정은 실물 화폐를 가상화폐로
바꾸는 과정과 동일하다. 명목화폐는 예금, 신탁 보험, 연금, 대출, 채
권 등을 의미한다. 개인, 단체, 기업의 명목화폐는 거래 은행을 통해
접수하면 가상 계좌를 통해 가상화폐로 지급 받는다. 공공기관, 지방
정부, 국가의 명목화폐와 개인, 단체, 기업으로부터 받은 명목화폐는
한국은행에서 가상화폐로 지급 받는다. 가상화폐로 교환되면 통장 등

의 거래 증명 자료만 폐기하면 그만이다.

②-2 명목화폐를 가상화폐로의 변환 상세

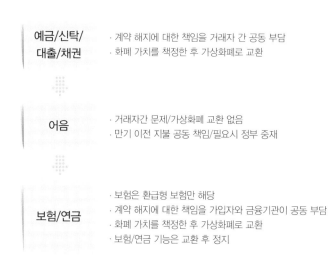

예금/신탁/ 대출/채권	· 계약 해지에 대한 책임을 거래자 간 공동 부담 · 화폐 가치를 책정한 후 가상화폐로 교환
어음	· 거래자간 문제/가상화폐 교환 없음 · 만기 이전 지불 공동 책임/필요시 정부 중재
보험/연금	· 보험은 환급형 보험만 해당 · 계약 해지에 대한 책임을 가입자와 금융기관이 공동 부담 · 화폐 가치를 책정한 후 가상화폐로 교환 · 보험/연금 기능은 교환 후 정지

공공기관/지방정부/국가의 명목화폐와 은행이나 금융기관이 개인/단체/기업으로부터 수취한
명목 화폐는 한국은행에서 가상화폐로 지급받는다.

　　명목화폐를 가상화폐로 변환하는 과정은 몇 가지 추가로 언급할 사항이 있다. 명목화폐는 거래자 간 계약 해지의 과정을 거치기 때문이다. 계약 해지의 책임을 거래자 간 공동 부담으로 나눈다는 가정이 필요하다. 어음은 사적인 명목화폐이기에 굳이 공식적인 교환의 과정에 포함되지 않는다. 다만 만기가 도래하지 않은 상태에서의 지불 조건에 대해서 거래자 간 분쟁 방지를 위해서 공공기관의 중재가 필요할 수도 있다. 변환 후 모든 명목화폐의 기능은 자동적으로 소멸한다.

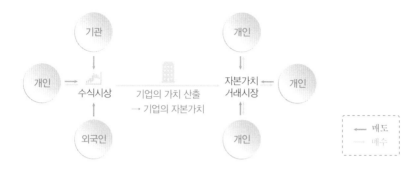

　자본주의의 대표적인 자산 중 하나인 주식을 가치주의에서의 자본 가치로 바꾸는 과정이다. 가치주의에서는 주식은 경영권의 지분만으로 역할을 한다. 주식 시장에서의 거래는 사라진다. 하지만 자본가치의 취득을 원하는 개인과의 거래는 허용되며. 자본가치거래시장에서 이러한 거래가 이루어진다. 이 자본가치의 거래를 통해서 개인은 경영권의 일부를 취득하게 된다.

　주식의 가치주의 체계로의 변환은 기관과 기업의 주식 매도로부터 시작한다. 가치주의에서는 개인만이 자본가치를 소유할 수 있기 때문이다. 기업 간 상호 주식 지분 소유도 물론 허용되지 않는다. 상호 출자나 순환 출자를 통한 잘못된 기업 경영권 확보를 막기 위해서다. 기업과 기관의 매도가 모두 마무리되면 개인만이 주식을 소유하게 되고 누구의 경영권 지분이 얼마만큼인지 명확하게 드러난다.

　이후 기업의 가치를 가치주의 방식으로 산출하는 과정을 거친다. 산출된 기업의 총 가치가 해당 기업의 자본가치가 된다. 기업의 총 자본 가치를 기존의 주식 지분율에 맞추어서 개인 명의로 배분해서 소유하게 된다. 이후에 주식시장은 완전 폐장되고 자본가치 거래 시장이 열린다. 이때부터 개인 간의 자본가치 거래가 허용되며, 자본가치 매입을 통해서 기업의 경영권 지분을 취득할 수 있다.

③-2 주식을 자본가치로 변환 상세

자본주의 주식 거래의 한시적 운영 후 완전한 폐장 선언	기업이 보유한 다른 기업의 주식은 모두 매각
기업의 가치 분석을 통한 총 기업 가치 산출	기업 가치 산출 결과는 기업의 총 자본가치
최종 주식 지분에 따른 기업의 자본가치 투자 비율 산정	기업의 자본가치거래시장 개장 및 자본주의 주식거래 종결
자본가치의 거래를 통해서 기업의 경영권의 상시적 재분배	자본가치 거래시 단순한 시세 차익을 위한 거래 제한

· 주식시장 폐장 및 자본가치 거래시장 개장.
· 산출된 기업가치가 자본가치에 해당하며, 이는 가상가치와 대응되는 가치.
· 자본가치는 기업이나 단체의 명의로 매수 불가. 주식시장에서 기보유분 모두 매각 필수.
· 자본가치는 기업의 경영권으로만 기능을 발휘. 자본가치의 매수는 기업 경영 참여를 의미

주식 변환의 상세 과정을 살펴보자. 앞서 언급한 대로 주식시장 폐장 및 자본가치 거래시장을 여는 과정을 거친다. 기업의 가치를 정확하게 산출하며, 산출된 기업가치가 자본가치에 해당하며, 이는 가상가치와 대응되는 가치가 된다. 기업 가치 산출 시 상품이나 재고 등의 실물자산은 제외한다. 가상가치 총량 산출 시에 포함되기 때문이다. 자본가치는 기업이나 단체의 명의로 매수 불가하며, 주식시장에서 기보유분

을 모두 매각해야 한다. 자본가치는 기업의 경영권으로만 기능을 발휘하며, 자본가치의 매수는 기업 경영 참여를 의미한다. 제시된 순서대로 변환을 진행한다.

④-1 부동산을 공유하는 사회로

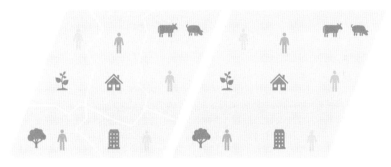

· 모든 토지의 사적인 소유권 소멸
· 건물은 가치 산정을 해서 해당 가치의 소유권 인정
· 토지의 사용 허가에 대한 공공의 승인 필요
· 건물 등 토지 사용 대가에 대한 세금 부과

가치주의로 가면 땅의 소유를 모두 내려놓아야 한다. 내 것이 아닌 남의 것이 아닌 우리 모두의 것이고, 사람도 동물도 식물도 함께 공존하는 공간이다. 우리만이 아닌 후손들을 위한 공간이기도 하다. 이것이 원래의 모습이고 가치주의로 가면서 원래의 모습으로 돌아가는 것뿐이다. 우리의 욕심을 내려놓지 않으면 돌아갈 수 없다. 나만을 생각하면 길이 열리지 않는다. 우리를 생각하고 자연을 생각하며, 후손을 생각하자. 미래를 희망으로 여는 길은 우리가 원래의 우리로 돌아가는 그것이다.

가치주의 부동산 제도를 요약해보자. 모든 토지의 소유권은 소멸한다. 건물의 소유권은 인정되며, 건물의 가치는 가치 산정을 통해서 산출된다. 토지를 사용하려면 공공기관에서 승인을 받아야 한다. 건물이나 농지 등 토지 사용에 대한 대가는 세금으로 지불해야 한다.

④-2 토지 소유권의 공개념 적용

토지의 공개념 실제 적용 과정
· 토지 소유에 대한 근거에 대한 추적 조사 (일제 강점기까지)
· 소유 근거가 친일 행적으로 받은 것이나 혹은 친일 연관 토지를 매수한 경우는 보상 없이 회수
· 기업이나 국가 권력을 부정 부패를 통해서 부당하게 취득한 토지도 보상 없이 회수
· 투기를 통해 취득하거나 여러 차례의 투기 경력이 밝혀진 소유자의 토지는 보상 없이 회수
· 투기의 목적이 뚜렷한 일정 면적 이상 또는 일정 수준 이상의 고가 토지는 보상 없이 회수
· 투기의 목적이 있더라도 소유자의 총 재산이 일정 수준에 미치지 못하는 경우는 토지 가치 지불
· 농지나 공장부지 등도 소유권 상실하나 우선사용권과 초기 일정 기간 동안 토지세 면세 부여
· 소규모이며 소유자의 총 재산이 일정 수준 이하이면 소유 근거의 정당성에 관계없이 토지 가치 지불

토지의 공개념 실제 적용 과정을 살펴보았다. 수많은 난관이 불 보듯 뻔하다. 엄청난 반발을 어떻게 극복해야 할까? 나만 손해 본다는 생각을 지우기 힘들 것이다. 하지만 이 난관을 넘어서지 못하면 우리는 이상향으로 나아갈 수 없다. 나의 것이 아닌 우리의 것을 생각해야 한다. 우리 모두의 것이며, 결국 우리 모두를 위한 길이다.

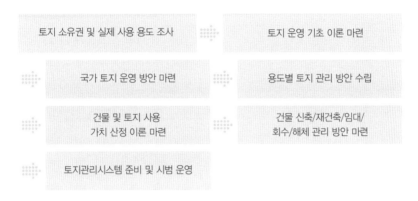

- 토지 사용에 대한 누구에게나 공평한 기회 부여
- 토지의 합리적인 이용과 효율을 추구
- 토지 사용에 대한 인간과 자연을 함께 생각
- 단순한 소유권 소멸이나 공유 개념 적용이 아닌 합리성과 효율성을 최대한 높이는 토지 이용
- 토지 이용에 대한 합리적이고 명확하며 국가의 자산 가치가 가장 올바르게 사용되도록 하는 근본적인 체계와 방안 마련
- 토지와 건물의 이용을 통해서 사적인 이익을 취하지 못하도록 하며, 자연과 환경과 인간 사회 모두에게 영속적인 이익에 도움이 되도록 운영

    토지 공개념을 도입하는 과정을 보자. 이것은 토지 사용에 대해 누구에게나 공평한 기회 부여하는 것이다. 토지의 합리적인 이용과 효율을 추구하는 것이다. 토지를 사용하는 인간과 자연을 함께 생각하는 것이다. 단순한 소유권 소멸이나 공유 개념 적용이 아닌 합리성과 효율성을 최대한 높여서 토지를 이용하는 것이다. 토지 이용에 대한 합리적이고 명확하며 국가의 자산 가치가 가장 올바르게 사용되도록 하는 근본적인 체계와 방안을 마련하는 것이다. 토지와 건물의 이용을 통해서 사적인 이익을 취하지 못하도록 하며, 자연과 환경과 인간 사회 모두에게 영속적인 이익에 도움이 되도록 운영하는 것이다.

국가 자산의 분류

국토/ 국가	자연 : 기후/환경/해양 자원 : 지하자원/산림/농지/식량/주거환경 역사/정세/브랜드 : 정통성/외교안보/지정학
국민/ 국가	지식 : 교육/직업/개인적 지식/사회적 지식/ 국가적 지식 의식 : 철학/이념/연대의식/문화(개인/사회)
국가 체계	정치 체계/행정 체계/경제 체계/사회 체계 행정력/치안력/국방력 사회간접자본 : 도로/항만/철도/통신/전력
산업/ 기업/ 일자리	산업 체계/기업 생태계/기업 경영 체계 자산 : 기업 경쟁력/기술력/시설/상품/재고/ 브랜드 가치

이제 가상화폐를 가상가치로 바꿀 준비를 해야 한다. 그러기 위해서는 국가의 자산을 생각해 보아야 한다. 국가의 자산 중에서 실물 자산을 분별해 내기 위해서다. 실물 자산의 총량이 가상가치의 총량이 되기 때문이다. 가상가치의 총량을 가상화폐의 보유 비율로 소유자에게 분배해서 나누어 줄 것이다. 그러면 가상가치는 실물의 가치 현황을 제대로 반영하는 개념이 될 것이다. 물론 국가의 총자산을 산출하는 것도 상당히 난해하고 그중에서 실물 자산만을 분별해 내는 것은 거의 불가능에 가깝다. 하지만 근접한 값으로 최대한 접근해야 한다. 자본주의에서 화폐와 실제 세상에 나온 가치와 연관성이 없는 것이 나중에 큰 문제로 발전했던 것을 기억해야 할 것이다.

국가의 자산은 총 4가지로 분류된다. 국토 및 국가, 국민 및 국가, 국가 체계 그리고 산업, 기업, 일자리다. 국토 및 국가는 자연, 자원, 그

252

리고 국가의 이력, 정세 및 브랜드다. 국민 및 국가는 개인적, 사회적, 국가적 지식과 의식이라고 표현할 수 있는 철학, 이념, 문화라고 보면 된다. 국가 체계는 정치, 행정, 경제, 사회와 같은 체계와 행정력, 치안력, 국방력 같은 체계를 유지하는 힘, 그리고 사회간접자본이라고 보면 된다. 산업, 기업, 일자리는 산업과 기업의 체계와 자산이라고 표현되는 기업의 경쟁력, 기술력, 상품, 재고, 브랜드 가치 등이다.

국가의 총자산 중에서 가상가치로 표현해야 하는 실물 자산에는 무엇이 있을까? 자원도, 지식도, 체계도, 그리고 사회간접자본도 모두 가치 있는 자산임에는 분명하다. 하지만 실물자산으로 가치를 부여하기에는 상당한 어려움이 있다. 당장은 기업의 상품과 재고 위주로 실물 자산을 한정해야 할 것이다. 모든 것을 고려해서 완벽하게 만드는 일은 시간을 두고 진행하는 것이 현명하다. 그렇게 하더라도 실물 자산보다는 발행되는 가상가치가 적기 때문에 가상가치의 정상적인 유통에 문제가 되지는 않을 것이다. 나중에 가치 산정에 대한 이론이 완벽해지고 여유가 생기면 실물 자산과 가상가치의 총량을 맞추는 일을 진행해도 늦지 않을 것이다.

국가 자산 중 실물 자산의 가치 산정

앞서 언급했듯이 우리가 현실적으로 당장 실물 자산으로 가치 산정을 해야 하는 항목은 기업의 상품과 재고다. 철학, 의식, 역사, 브랜드, 지식, 기술도 모두 오랜 기간에 걸쳐 형성된 자산이기는 하나 실물 자산으로 평가하기에는 어려움이나 문제점이 있다.

철학/의식/역사   지식/기술   상품/재고

가치 산정 ──→ 국가의 총
가상가치

실물 자산
·사회적 공유 가치가 존재
·수요가 존재
·공급이 가능
·합리적 가치 산정 가능

실물 자산으로 분류해야 할 조건은 다음과 같다. 사회적 공유 가치가 존재할 것. 수요가 존재할 것. 공급이 가능할 것. 합리적 가치 산정이 가능할 것이다. 이 네 가지 조건에 들어갈 수 있는 다른 항목도 분명히 있을 것이다. 하지만 당장은 기업의 상품과 재고로 한정하자. 만약에 좀 더 여유가 있으면 범위를 넓혀서 실물 자산의 정확성을 높이는 것은 전혀 문제가 되지 않고 오히려 권장할 일이다.

⑤ 가상화폐를 가상가치로 변환

개인   단체   기업   공공기관

국가의 총 가상화폐
가상가치의 총합을
각 개인/단체/기업/국가의
가상화폐 소유 비율대로 배분

국가의 총 가상가치

이제 자본주의 자산의 변환에서 마지막 단계다. 개인, 단체, 기업, 공공이나 국가가 보유한 가상화폐에 정확한 가상가치를 부여하는 일이다. 앞서 설명한 실물 자산의 총 가치가 제대로 산출되면 거의 모든 일이 끝난 셈이다. 실물 자산의 총합이 가상가치의 총합이기 때문이다. 이것을 개인, 단체, 기업, 공공이나 국가가 소유하고 있는 가상화폐의 보유 비율로 각각 분배해서 나누어 주는 것이다.

　다시 풀어서 설명해보면, 먼저 실물 자산의 총합만큼 가상가치를 발행한다. 그리고 개인과 단체, 기업과 국가가 보유한 가상화폐의 총합과 맞추는 작업을 한다. 즉, 가상화폐를 가상가치로 변환하는 비율을 구하는 것이다. 예를 들어서 가상화폐의 총합이 1,000조 원이고, 실물자산의 총합이 1조 가치라고 산정이 되면 가상화폐를 가상가치로 변환하는 비율이 1,000분의 1인 셈이다. 그러고 나면 가상가치를 배분할 수 있다. 각 개인별로, 단체별로, 기업별로, 그리고 국가도 보유하고 있던 가상화폐에 이 비율을 적용해서 가상가치를 부여받는다. 그다음은 가상화폐를 모두 폐기하고 가상가치가 진정한 화폐의 역할을 하게 되는 것이다.

{ 경제 체계의 가치주의 전환
및 본격적인 가치주의 출범 }

가상가치 도입 및 가치주의 시행

여기까지 오면 드디어 모든 준비가 끝났다고 보면 된다. 이제부터는 시작하기만 하면 된다. 진정한 가치주의의 출범 단계다. 그 첫 번째는 가상가치의 도입이다. 가상가치 도입의 준비 단계를 보자.

가치 산정 이론의 제반 연구	가치 산정 이론의 분야별 확대 연구
가치 산정의 직업별 적용 이론 수립	가치산정시스템 준비
가치거래시장 준비	가상가치관리시스템 준비
가치거래 및 가상가치 관리의 시범적 시행	

가상가치의 실제 시행 과정을 보자.

가상가치 발행 (국가 총 가치 중 산정 가능한 가치에 대해서)	개인/단체/기업/국가의 가상화폐를 가상가치로 변환

가상가치관리시스템 가동	가치거래시장 개장

자본주의 금융 업무 종결 (은행/보험/연금/조폐공사/증권거래)	가치주의 토지 관리 제도 적용 시작

가치주의 조세 제도 적용 시작

홍익지수 도입 및 홍익주의 시행

가치주의 출범과 동시에 홍익주의도 출범하면 된다. 홍익지수 도입의
준비 단계를 보자.

홍익행위 평가에 대한 제반 이론 연구	홍익지수 평가의 분야별 세부 체계 마련

홍익조사단/발굴단의 준비 및 교육	홍익지수 산정시스템 준비

홍익재판소 운영 체계 준비	홍익지수관리시스템 준비

홍익 평가 및 관리의 시범적 시행

홍익지수의 실제 시행 과정을 보자.

홍익조사단/발굴단 운영 시작	홍익지수 산정시스템 운영 시작
홍익재판소 운영 시작	홍익지수관리시스템 운영 시작
역사적 사건 홍익행위에 대한 평가 및 지수부여	주요 공직자의 홍익지수 관리 시작
홍익지수 관리의 문제점 보완 및 개선	

신 조세제도 도입 및 신 조세제도 시행

가치주의 출범과 동시에 신 조세제도를 시작해야 한다. 신 조세제도 도입의 준비 단계를 보자.

전기/가스/상하수도의 실제 수요 조사	전기/가스/상하수도의 공급 가치 산정 및 에너지/수도 조세 준비
토지관리시스템을 통한 토지 사용 조세 준비	가상가치관리시스템을 통한 사회 환원 조세 준비
기존 조세 제도의 실제 수입 및 실제 지출 조사	기존 조세 제도의 순차적 축소 방안 준비
국가 제공 서비스 파악 및 이에 대한 가치 분석	

신 조세제도의 실제 시행 과정을 보자.

자본주의 조세의 폐지	전기/가스/상하수도 사용 조세 시작
토지 사용 가치 조세 시작	사회적 상속 조세 시작
국가 서비스 제공 및 가치 분석	국가 재정을 감안한 조세 제도 운영
조세 제도의 문제점 보완 및 개선	

가치주의 경제 운영안 마련 및 시행

가치주의 출범과 동시에 가치주의 경제운영을 시작해야 한다. 가치주의 경제 운영안 마련 단계를 보자.

가상가치관리시스템/조세관리시스템을 통한 국가 재정 운영 준비	신 조세 제도에 맞는 국가 조세법 마련
국가 경제 운영 원칙 및 세부 지침 마련	국가 재정 운영의 현황 파악 및 재정 건전성 확보를 위한 방안 마련
국제가상가치운영 방안 마련	무역/환율/여행 등의 실무 경제 운영 방안 마련
국가 총 가치 산정 (개인/단체/기업/국가의 산정 가능한 주요 현물)	

가치주의 경제 운영안의 실제 시행 과정을 보자.

가치의 생산과 소비의 최적 운영	국가 서비스의 발생과 세수 가치 파악
국토 관리와 연계한 토지 조세 운영	홍익 민생과 연계한 사회적 상속 운영
국제 가상가치 운영 및 제도 보완	무역/여행 등 실무 경제 운영 및 보완
가치주의 경제 운영 방안 보완 및 개선	

화폐 없는 세상이란!

아무도 가려 하지 않았지만, 이런 길이 있는지조차 아무도 관심을 갖지 않았지만, 아직 세상에 등장하지 않은 이 길을 탐험해서 처음으로 세상에 내놓는다. 화폐 없는 세상으로 가는 길이다. 진정한 의미의 화폐 없는 세상이란 과연 무엇일까? 그것은 단지 우리가 쓰고 있는 화폐를 버리는 것만을 말하지는 않는다. 그것은 단지 유형의 화폐가 가상의 화폐로 바뀌는 것만을 의미하지는 않는다. 그것은 단지 새로운 경제 체계가 등장하는 것만을 뜻하지는 않는다.

화폐 없는 세상이란 수단과 방법을 가리지 않고 서로를 이기려는 경쟁이 소멸하고 서로에게 도움이 되려는 상생이 살아나는 세상이다.

화폐 없는 세상이란 모두에게 유익이 되고자 하는 작은 노력이 다시 우리에게 그대로 열매로 돌아오는 세상이다.

화폐 없는 세상이란 이웃을 생각하고 배려하는 따뜻한 마음이 다시 우리를 포근하게 만드는 세상이다.

262

화폐 없는 세상이란 조금 덜 만들고 조금 덜 쓰지만, 훨씬 더 풍요롭고 훨씬 더 행복한 세상이다.

화폐 없는 세상이란 부채 폭탄과 재정 파괴라는 절망이 아닌 합리적인 수고와 합리적인 대가라는 희망을 후손에게 물려주는 세상이다.

화폐 없는 세상이란 죽어가는 자연으로 인해 더 이상 인간이 살 수 없는 세상이 아닌 자연이 살아나고 인간이 자연과 함께 사는 세상이다.

화폐 없는 세상이란 우리가 물질문명에 대한 집착을 내려놓고 정신문명에 대해 눈을 뜨고 이를 추구하는 세상이다.

우리는 돈을 벌기 위해 태어난 것이 아니다. 우리는 다른 사람을 이기기 위해서 태어난 것이 아니다. 우리는 권력과 부를 독식하기 위해서 이 땅에 태어난 것이 절대로 아니다. 그동안 우리는 우리의 필요를 채우려고만 했는데 다른 사람들을 이겨야만 했다. 그동안 우리는 우리의 원하는 것을 얻으려고만 했는데 다른 사람들의 원함을 빼앗아야 했다.

그동안 우리는 우리의 꿈을 실현하려고만 했는데 다른 사람들의 꿈을 짓밟아야만 했다. 이건 아니다.

　사람이 사람답게 산다는 것은 혼자만 사는 것이 아니다. 사람이 사람답게 산다는 것은 내가 사는 것이지만 남도 함께 사는 것이다. 사람이 사람답게 산다는 것은 우리가 우리로 사는 것이다.

　화폐 없는 세상은 화폐를 내려놓고 우리를 얻는 세상이다. 화폐 없는 세상은 나와 남이 구별이 없어지는 세상이다. 화폐 없는 세상은 우리 모두가 진정으로 우리가 되는 세상이다.

화폐 없는 세상

초판 1쇄   2017년 07월 26일

지은이   박명준
발행인   김재홍
디자인   이슬기, 이근택
교정·교열   김진섭
마케팅   이연실

발행처   도서출판 지식공감
등록번호   제396-2012-000018호
주소   경기도 고양시 일산동구 견달산로225번길 112
전화   02-3141-2700
팩스   02-322-3089
홈페이지   www.bookdaum.com

가격   18,000원
ISBN   979-11-5622-299-6 03320

CIP제어번호   CIP2017016211
이 도서의 국립중앙도서관 출판예정도서목록(CIP)은 서지정보유통지원시스템 홈페이지(http://seoji.nl.go.kr)
와 국가자료공동목록시스템(http://www.nl.go.kr/kolisnet)에서 이용하실 수 있습니다.